KB125844

와일드 이펙트

와일드북

와일드북은 한국평생교육원의 출판 브랜드입니다.

와일드 이펙트

초판 1쇄 인쇄 · 2020년 8월 14일
초판 1쇄 발행 · 2020년 8월 20일

지은이 · 유광선(WILDS)
발행인 · 유광선
발행처 · 한국평생교육원
편 집 · 장운갑
디자인 · 이종헌

주 소 · (대전) 대전광역시 유성구 도안대로589번길 13 2층
　　　　　(서울) 서울시 서초구 반포대로 14길 30(센츄리 1차오피스텔 1107호)
전 화 · (대전) 042-533-9333 / (서울) 02-597-2228
팩 스 · (대전) 0505-403-3331 / (서울) 02-597-2229

등록번호 · 제2018-000010호
이메일 · klec2228@gmail.com

ISBN 979-11-88393-32-9 (03320)
책값은 책표지 뒤에 있습니다.

잘못되거나 파본된 책은 구입하신 서점에서 교환해 드립니다.

이 도서의 국립중앙도서관 출판예정도서목록(CIP)은 서지정보유통지원시스템 홈페이지(http://seoji.nl.go.kr)와 국가자료공동목록시스템(http://www.nl.go.kr/kolisnet)에서 이용하실 수 있습니다.(CIP제어번호: CIP2020031314)

사람과 사업이 지속가능하게 하는 힘!

행복한 성공,
100권의 책을 읽고
100명의 전문가를 만나고
100곳을 방문하라

유광선(WILDS) 지음

WILD
와일드 이펙트

활용과 적용

와일드북

어떻게 인생 지도를 그릴 것인가

'300'

이 숫자를 이야기하면, 주변에서는 대부분 '스파르타!'를 외치던 영화 〈300〉을 떠올린다.

근육질의 사나이들이 창과 방패를 들고 거친 야성을 내뿜으며 페르시아 대군에 맞섰던 그 영화 말이다. 그렇다면 나는 거친 남성의 카리스마를 이야기하고 싶어 '300'이란 숫자를 말한 것일까?

300이라는 숫자와 더불어 '와일드WILD'라는 표현까지 함께 쓰면 사실 오해받기 딱 좋다. 300명의 전사를 떠올리는 숫자와 거친 야성을 연상시키는 와일드라는 단어가 결합하니 말할 것도 없이 마초의 카리스마가 생각난다. 하지만 내가 말하는 '300'은 거친 야성의 남자 300명을 뜻하는 게 아니다. 마초 기질을 풍기며 정글과 같은 이 세상에서 냉정한 생존 본능을 살리자는 것은 더더욱 아니다.

'300'은 100이라는 숫자의 트리오를 말하는 것이다.

내가 그동안 평생교육원을 비롯한 여러 사업체를 운영하면서 가장 많이 들었던 질문이 "어떻게 하면 성공할 수 있어요?"라는 것이었다. 평생교육이라는 분야 말고도 지금 하고 있는 일을 비롯해 과거의 다양한 사업까지 왕성하게 활동하는 비결이 뭐냐고 묻는다.

나는 그때마다 그럴싸한 경영 이론이나 성공 모델을 운운하지 않는다. 내가 말할 수 있는 것은 300, 즉 100권의 책과 100곳의 장소와 100명의 사람에 관한 이야기이다.

나는 평범한 샐러리맨의 삶보다 내가 하고 싶은 일을 좇아 사는 게 너무나 좋다. 물론 어떻게 하면 돈을 빨리 많이 벌 수 있을지를 생각한 적도 있다. 그러나 내가 재미를 느끼면서 의미가 있고 가치가 있다고 생각될 때 아이디어가 마구 떠오를 때 꼭 목표를 달성하고 싶다는 열망의 아드레날린이 분출된 적이 더 많았다. 그래서 지금도 여전히 돈을 버는 것보다 내가 하고 싶은 일, 재미를 느낄 수 있는 일에 더 집중한다.

뭔가 하고 싶은 일이 생기면, 나는 그 일과 관련한 책을 100권쯤 구해서 읽는다. 언제 어디서든 읽을 수 있도록 들고 다니며 읽고 또 읽는다. 그리고 실제로 그 일을 성공적으로 하고 있는 100곳의 사업장을 찾아다닌다. 서울, 대전, 부산 등 지역을 가리지 않고 발품을 판다. 그 여정에서 그 분야 전문가 100명의 사람을 만난다.

이쯤 되면 내가 아니라 그 누구라도 그 일을 해 보기도 전에 전문가 못지않은 내공을 쌓게 된다.

내가 말하는 숫자 '300'의 본질은 'action'이다.

100권의 책을 읽는 것은 백면서생 흉내를 내기 위해서가 아니다. 행복한 삶을 살기 위해 준비하는 노력과 행동이 투영된 숫자가 바로 300인 것이다. 책을 읽는 것도 해답을 찾으려는 행동인 셈이다. 그렇게 해답을 찾고 실행을 하려고 100권, 100곳, 100명을 찾아 나서는 것이다.

300의 숫자는 꿈을 실현하기 위한 연결 고리이다. 그 연결 고리가 조금씩 모양새를 갖춰 가며, 내 안의 본성이 꿈틀댄다. 0에서 시작한 카운트가 300에 이르는 동안, 속도가 더딜지라도 꿈이 현실로 바뀌는 순간에 다가서고 있는 것이다.

본성에 담겨 있던 열망과 의지가 구체적인 행동으로 이어진다. 이때 본성이라 함은 내재되어 있는 거친 야성을 의미하는 것이 아니다. 거칠 것 없이 질주하는 성향을 말하는 것도 아니다. 저마다 가지고 있는 자신 안의 긍정적인 본연의 힘을 말하는 것이고, 그것을 끄집어내야 하는 것이다. 그래서 나는 'WILD'하게 살자고 말한다.

'WILD'는 사전적 의미로만 본다면 '야생의', '자연의', '사람이 손대지 않은'을 뜻한다. 하지만 내가 말하는 'WILD'는 중의적 의미를 가지고 있다. 먼저, 단어 자체를 내 식으로 해석하자면 자신의 본성을 있는 그대로 받아들이며 긍정적인 삶을 살자는 의미이다. 또 하나는 이니셜의 조합이다. 'Want', 'Imagine', 'Learn', 'Declare'의 앞 글자를 따서 조합한 의미이다.

간단히 말하자면 원하고, 상상하고, 배우고, 선언하는 것을 뜻한다.

나는 달콤한 성공과 쓰라린 실패가 맞물린 뫼비우스 계단을 걷던 때가 있었다. 그런데 지금의 나는 영원히 벗어날 수 없으리라 여겼던 그 계단을 계속 걷기보다는 훌쩍 뛰어내리는 쪽을 택했다. 그래서 나에게 성공과 실패를 가늠하는 기준은 출세나 돈이 아니다. 그보다는 내가 얼마나 간절히 원하는지, 또 목표가 이루어졌을 때를 상상하는 즐거움이 얼마나 클지가 더 중요하다. 또한 목표와 꿈에 다가서는 걸음을 통해서 조금씩 쌓아 가는 지식과 지혜, 그리고 원하는 것을 당당히 선언하고 길을 나서는 삶의 여정이 소중하다.

이 책은 긍정적으로, 와일드하게 살아가는 인생을 함께 나누고 싶은 바람으로 쓰게 됐다. 열정만을 강요하며, 몽환의 숲에 갇혀서 현실 세계에 발을 내딛지 못하는 꿈을 강조하려는 의도는 없다. 빌게이츠나 스티브 잡스처럼 유명인으로서의 삶을 산 것도 아니고, 그들처럼 평범한 사람과는 동떨어진 거창한 메시지를 던지려는 것도 아니다. 그저 지금부터라도 함께 일하는 사람들과 자신의 사업을 통해 긍정적으로 세상을 좀 더 아름답게 변화시키자는 소망을 품어 보자는 것이다.

또한 열정이 가득한 나이임에도 절망의 한숨을 내쉬고 있는 사람들과 내 가슴속 이야기를 나누고 싶은 바람도 있다. 속절없이 쓰러지고 꺾이고 마는 현실이라 해도 끝까지 포기하지 않고 희망을 부여잡았으면 한다. 그 희망이 자원이 되어 절망과 배신의 두터운 장벽을 허물 수 있는 송곳이 되고, 망치가 될 것이기 때문이다.

나는 아무리 절망스러운 상황이라도 삶에 대한 열정은 누구나 다 가지고 있다고 믿는다. 이른바 성공했다고 하는 사람만 열정을 가졌다고 할 수는 없다. 성공적이지 않은 삶을 살고 있는 사람에게도 열정은 있다. 열정의 크기가 아직 작을 뿐이다.

감사한 마음으로 자신이 가지고 있는 열정을 키우고 나면, 성공의 기준을 물질적인 것이나 출세에 두지 않게 된다. 내가 무엇을 좋아하는지 또 그것을 어떻게 추구하는지가 행복한 삶의 척도가 되는 것이다.

세상은 그리 만만하지 않다. 하지만 잔뜩 기가 죽어서 지낼 수만은 없는 노릇이지 않겠는가. 힘들고 고통받아 포기하고 싶을 수 있다. 그럼에도 불구하고 또 한 번 건네고 싶은 말은 일어서서 뚜벅뚜벅 걸으라는 말이다.

갖은 고생을 하면서 일을 했는데 '열정페이'로 둥치는 현실이 안타깝다면, 내 꿈을 키울 수 있는 배움이 있는 일을 찾아 나서는 게 어떨까?

이 책은 성공의 지름길로 가는 비법이 담긴 글 보따리가 아니다.

그저 거침없이 뚜벅뚜벅 나아가며 세상을 더 긍정적이고 더 아름답게 변화시키기 위해 실행하는 나의 소박한 고백이 있을 뿐이다. 이 고백이 자신의 길을 찾고, 자신의 인생 지도를 그릴 때 준비된 우연한 기회가 될 것이다.

유광선(WILDS)

2장 Imagine

3장 Learn

4장 Declare

Share

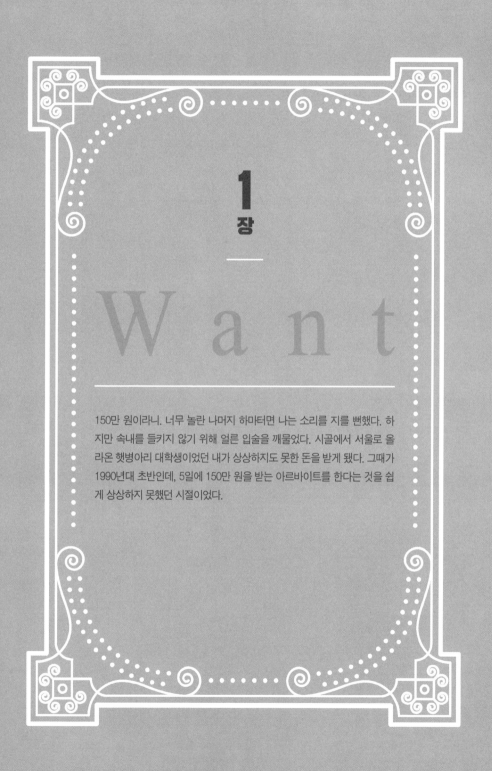

1
장

—

Want

150만 원이라니. 너무 놀란 나머지 하마터면 나는 소리를 지를 뻔했다. 하지만 속내를 들키지 않기 위해 얼른 입술을 깨물었다. 시골에서 서울로 올라온 햇병아리 대학생이었던 내가 상상하지도 못한 돈을 받게 됐다. 그때가 1990년대 초반인데, 5일에 150만 원을 받는 아르바이트를 한다는 것을 쉽게 상상하지 못했던 시절이었다.

Want

Imagine

Learn

Declare

Share

"그럼 150만 원 드릴게요."

"네? 아……, 고맙습니다."

150만 원이라니. 너무 놀란 나머지 하마터면 소리를 지를 뻔했다. 하지만 속내를 들키지 않기 위해 얼른 입술을 깨물었다. 시골에서 서울로 올라온 햇병아리 대학생이었던 내가 상상하지도 못한 돈을 받게 됐다.

그때가 1990년대 초반인데, 일주일에 5일 수업을 하고 150만 원을 받는 아르바이트를 한다는 것을 쉽게 상상하지 못했던 시절이었다. 당시 대졸 신입 사원 월급이 150~160만 원이었으니 거의 세 배를 벌어들인 셈이다.

두어 달만 하면 한 학기 등록금을 벌 수 있었다.

대학생 신분으로 한 달에 이만큼 돈을 받을 수 있었던 것은 다름 아닌 과외 덕분이었다. 전 과목을 다 봐 준다는 조건으로 의정부에서 10만 원을 받고 시작한 과외였다. 150만 원을 받게 된 때는 과외비가 30만 원으로 오르고 얼마 지나지 않았을 때였다. 논현동의 한 6학년 아이의 어머니로부터 어마어마한 액수의 제의를 받은 것이다.

처음 그 어머니를 만났을 때, 나는 과외비로 50만 원을 불렀다.

강북에서 전 과목을 봐 주면서 30만 원을 받고 있었던 터라 강남이라면 조금 더 올려도 된다는 생각에서였다. 그런데 내가 50만 원이라고 하자, 그 어머니는 과목당 50만 원으로 이해하고, 세 과목을 봐 줘야 하니 150만 원으로 계산한 것이다. 엉겁결에 알겠다고 한 나는 아직 놀랄 일이 더 남아 있다는 것을 미처 깨닫지 못하고 있었다.

"그럼, 동생도 같이 해야 하니까 300만 원을 드릴게요."

순식간에 수입이 150만 원에서 300만 원으로 올랐다.

당시 대학등록금이 100만 원대였으니 어마어마한 돈을 거머쥐는 순간이었다. 하지만 반전은 또 있었다.

"혹시 청담동 사는 제 친구네 아이들도 봐주실 수 있을까요?"

논현동에 이어 청담동까지 300만 원을 받게 됐으니 600만 원이다. 기존의 과외까지 합하면 월수입이 무려 1,000만 원! 불과 얼마 전까지 나는 먹고 자는 문제를 걱정해야 하는 고학생 신세에 불과했다. 이제 갓 스물을 넘긴 사회 초년생이었던 내가 어떻게 이런 수입을 올릴 수 있었을까? 갑작스레 '우주의 기운'이 나한테 몰려왔던 것일까?

한 달에 1,000만 원이라는 고소득을 올릴 수 있었던 것은 절박함과 간절함이 더해진 결과였다. 요행으로 일확천금이 내 수중으로 들어온 게 아니다. 대학 등록도 간신히 한 촌놈이 간절히 원하던 생존을 위해 마구 뛰어다닌 덕분에 얻은 결과이다.

간절히 원하면 이루어진다고들 하지만, 그렇다고 골방에서 두 손 맞잡고 기도만 한다고 해서 불안한 미래가 장밋빛으로 바뀌는 것은 아니다.

원한다면 움직여야 한다. 그래야 기회를 잡을 수 있다.

01 ___
산이 높다고
명산은 아니다

사람마다 자신만의 성격이 있다.

내 경우에는 어디에 얽매여 사는 게 도통 맞지 않다. 틀 안에 고정되어 매번 같은 일을 반복하는 일상은 견뎌 낼 자신이 없다. 아무리 월급을 꼬박꼬박 많이 준다고 해도 버틸 재간이 없다는 것을 스스로 잘 알고 있다.

"유 대표님은 과외나 장사를 해도 한 달에 300만 원, 회사원으로 살아도 똑같이 한 달에 300만 원을 준다면 뭘 선택하시겠습니까?"

누가 나에게 뜬금없이 어떤 직업을 선택할지 물은 적이 있다. 두 가지 종류의 일이 있는데, 하나는 과외나 장사처럼 사람들과 관계를 맺으며 일하는 것이고, 또 하나는 일반 회사에서처럼 서류 업무 등을 위주로 일한다면 어느 쪽을 선택하겠냐는 것이다.

요즘 같은 불경기에는 불안정한 직업보다 안정적인 수입이 보장된 직업이 낫지 않느냐는 의도가 담긴 질문이었다.

안정과 불안정 중에 어떤 것을 선택하겠느냐는 질문에 대한 내 대답은 '본성대로' 살자는 것이었다.

"저요? 사람은 생긴 대로 살아야죠. 저는 얽매이는 게 싫어서 회사 생활은 못 해요."

나는 내 성격이 어떤지를 일찍 깨달았다. 그렇지 않았더라면 어떻게든 은행이나 회사에 취직했을 것이다. 더군다나 대학에서 법을 전공했으니 고시 공부를 열심히 해서 그 분야에서 일했을지도 모른다.

약관의 나이였을 때는 그런 취업 노력을 해 본 적도 있다. 그런데 너무나 답답했다. 골방과 같은 꽉 막힌 공간에서 책 속에 파묻혀 있자니 좀이 쑤셔 견디기가 힘들었다.

그때의 답답함은 단지 공부가 하기 싫다는 게 아니었다. 공부 자체가 싫었다면 대학도 가지 않았을 것이다. 그저 스스로 미래의 나를 틀 안에 가둬 두려고 공부를 하는 게 마뜩치 않았다.

나는 꿈을 꾸고, 자유롭게 일할 수 있고, 스스로 결정을 내릴 수 있는 일을 할 때 가장 행복하다. 누가 나더러 아직도 꿈을 좇는 몽상가라고 손가락질해도 개의치 않는다. 지금까지 그래 왔고, 그 덕분에 행복을 느낄 수 있으니 말이다. 아직도 어떤 일을 하기 전에는 '이걸 하면 행복할까?'를 계속 생각한다. 그리고 계속해서 스스로에게 또 한 번 질문을 던진다.

과연 의미가 있는 것일까, 가치가 있을까, 그리고 재미있는가?

이 질문에 대한 답이 'Yes'라고 나오면, 나는 주저하지 않고 일을 시작한다. 회사 생활을 한다면 이런 질문을 던지고 답하며 일을 고를 수 없다. 내게 주어지는 일을 고분고분하게 해야 그나마 월급이라도 보장받을 수 있으니 말이다.

대부분의 사람이 자신의 성향을 알고 있다. 그런데 먹고사는 게 급하다는 이유로 자신의 성향에 반하는 일을 할 때가 있다. 재미와 행복을 포기하고 생존을 선택했다는 그럴듯한 이유를 대면서 말이다. 이런 사람에게 지금 행복하냐고 물어봤자 어리석은 질문일 뿐이다.

이런 사람들도 답답해하며 괴로워한다. 그래서인지 먹고살기 위해 선택한 일임에도 진득하게 유지하지 못하고 이내 또 다른 일을 찾아 나선다. 안정을 선택했는데, 불안정의 쳇바퀴를 도는 셈이다.

'나는 무엇을 원하는 것일까?'라는 질문만 하면서 원하는 게 무엇인지 모른 채 지내는 사람들도 한둘이 아니다. 또는 취업을 비롯해 먹고사는 문제가 급한 마당에 무엇을 원하는지 고민하고 꿈을 운운하는 것은 사치라고 면박을 주는 사람도 있다. 물론 당장 등록금 대출을 갚아야 하고, 취업으로 생계를 꾸려야 하는 등의 고민은 쉽게 떨쳐 낼 수 없다.

이들은 꿈을 꿀 여유도, 미래를 설계할 시간도 없다고 깊은 한숨을 내쉰다. 현재 자신의 처지가 초라해 보이고, 너무나 힘들어 때로 그냥 주저앉고 싶을 때도 있을 것이다. 자신을 둘러싼 환경이 너무나 안 좋다고 푸념하다가 치밀어 오르는 분노와 마주하기도 할 것이다.

평생교육원을 운영하면서 수많은 사람들을 만나는데 새로운 배움의 기회를 얻었다고 크게 좋아하는 사람과 별다른 기대는 하지 않는다는 듯 심드렁한 표정을 짓는 사람으로 나뉜다.

심드렁한 표정을 짓는 사람과 이야기를 해 보면, 그동안 별의별일을 다 했어도 자신의 처지가 바뀐 적은 없어서 역시나 하고 별다른 기대를 하지 않는다고 한다. 이런 사람에게는 제아무리 뛰어난 강사가 유익하고 알찬 강의를 제공한다 해도 이렇다 할 효과를 기대할 수 없다. 그런데 새롭게 뭔가를 배운다고 좋아하는 사람들도 딱히 처지가 좋은 것만은 아니다. 단지, 현재의 처지를 조금이라도 바꿔 보겠다는 기대와 희망을 품고 있다는 점이 달랐다. 그렇다면 둘 중에 누가 더 배움의 효과가 클까?

배움의 기회를 얻었다며 좋아하는 사람은 분명 원하는 게 있다.

자신의 처지를 조금이라도 바꾸겠다는 생각, 자격증을 따 전문가로 성장하겠다는 분명한 꿈을 가지고 있다. 평생교육원을 찾는 사람들의 대부분이 비슷비슷한 환경을 가지고 있다. 그런데 원하는 것의 유무에 따라 배움의 효과는 사뭇 다르게 나타난다.

당나라 시인 유우석은 "산은 높은 게 중요하지 않다. 그 산에 신선이 살아야 명산이다. 물이 깊다고 전부가 아니다. 그 물에 용이 살아야 신령한 곳이다."라고 했다.

산이 높고 물이 깊다고 해서 저절로 명산이 되거나 신령이 깃든 게 아니라는 것이다. 낮은 언덕배기나 얕은 물이라도 그곳에 누가 있느냐에 따라 명산이 될 수도 있고 신령스러운 곳이 될 수도 있다. 이 시인이 말하고 싶은 바는 결국 문제는 '나'라는 것이었으리라.

내가 원하는 삶을 충실히 꾸려 간다면 누추한 곳, 즉 그다지 좋지 않은 환경에서라도 용이 될 수 있고 신선으로 바뀔 수 있다. 유우석이 한 이 말이 실린 《누실명陋室銘》에서 '누실'은 누추한 공간이란 뜻이다. 누추한 곳에서 머물고 있다고 해도 자신이 원하는 것을 위해 전진하는 삶이라면, 사람 자체가 누추한 것은 아니라는 뜻을 담고 있다. 처지를 비관하기보다 눈에 보이지 않지만, 분명 내 주변에 있을 기회를 찾아보는 게 낫다.

불과 6개월 전만 해도 전 과목을 매일 봐 주며 10만 원을 받던 내가 한 과목에 50만 원을 받을 수 있었던 것은 처지에 대한 비관에 빠지지 않은 덕분이었다. 10만 원짜리 과외가 성사되고, 얼마 지나지 않아 30만 원으로 올랐을 때도 당장의 밥값은 걱정하지 않아도 된다는 사실에 감사하고 또 감사하는 마음으로 아이들을 가르쳤다.

내 처지가 조금 나아졌다고 해서 마냥 실실거리고 다니지 않았던 것이다. 식비와 교통비를 아끼기 위해 학교 식당에서 설거지를 하고 학과 사무실에서 쪽잠을 자던 내가 과외라는 신세계를 접하면서 몸값이 껑충껑충 뛰어올랐고, 그렇게 오랜 시간 나를 옥죄던 지긋지긋한 가난에서 벗어날 수 있었다.

기회는 준비할 때
우연히 만날 수 있다

　내 성격대로, 내가 하고 싶은 일을 선택하고 싶지만, 기회가 좀처럼 오지 않는다고 토로하는 사람들이 많다. 사실 '기회'라는 말처럼 사람의 억장을 들었다 놨다 하는 게 또 있을까? 어떤 사람은 기회가 주변에 널려 있는 것처럼 보인다고 하고, 또 다른 누군가는 기회라곤 눈을 씻고 찾아봐도 코빼기도 보이지 않는다고 투덜댄다.

　시골에서 가난하게 자랐던 탓에 나 역시 기회라는 단어는 내 인생 사전에서 삭제된 것이라 여긴 적도 있었다.

　우여곡절 끝에 대학에 진학한 나는 우물 안처럼 좁은 시골에서 벗어나 서울이라는 기회의 도시에 어렵사리 입성했다. 하지만 그것이 곧 내 인생에 환한 빛을 내려 주리라곤 기대할 수 없었다. 대학생활에 대한 기대감이나 설렘은커녕 앞으로 어떻게 생활해야 할지에 대한 걱정만 잔뜩 안은 채 상경했다. 부모님께서 1만 원씩 동네 사람들의 도움을 받아 겨우 등록금을 마련한 상황이라 생활비 지원은 기대조차 할 수 없었다.

마땅히 머물 곳도 없었던 나는 마침 의정부에 이모님이 살고 계셔서 몸을 맡길 수 있었다. 하지만 매일 한 시간 동안 버스를 타고 학교에 가는 생활이 몸과 마음을 지치게 했다. 자취는 엄두도 내지 못하는 상황이었으니 설렘과 희망은 그림자조차 찾을 수 없었다. 이런 상황에 처했으니 공주 촌놈이 서울에 있는 대학에 왔다고 해서 성공의 기회로 연결해 줄 동아줄은 생각조차 하지 못했던 것이다.

매일 오가는 차비가 너무나 아깝고, 비싼 대학 교재를 사는 날에는 밥값이 없어 식당 앞을 서성일 때가 한두 번이 아니었다. 밥도 제대로 먹지 못하는 대학 생활이 즐거울 리가 없었고, 마치 하루살이 인생을 보내는 것처럼 기가 죽어지내는 날들이 더 많았다. 그러다가 우연히 학교 식당에서 식기를 닦으면 식권을 준다는 사실을 알게 됐다. 당장 하루 식비를 아낄 수 있다는 생각에 주저하지 않고 설거지를 하러 나섰다. 그리고 매일 의정부를 오가는 차비와 시간을 아끼려고 학과 사무실에서 잠을 자기도 했다.

식비와 차비를 줄였지만, 처지가 나아진 것은 아니었다. 여전히 더 나은 삶으로 향하는 기회의 문은 찾기가 어려웠다. 그저 버틴다는 생각으로 학교생활을 이어갔다. 내가 대학에 들어갈 때만 해도 우리나라 경제는 호황이었다. 대학가는 번쩍이는 불빛으로 불야성을 이뤘고, 지금처럼 본인이 직접 등록금을 대출하고, 생활비도 전부 자신이 벌어야 하는 학생들이 그리 많지 않았다. 하지만 번쩍이는 화려한 대학가를 활보하는 낭만은 나와는 상관없는 세상의 이야기였다. 분명 같은 세상, 같은 시간을 보내고 있는데 그들과 달리 나는 나를 옥죄는 가난의 굴레에서 발버둥치고 있었다. 그러나 그 굴레가 영원한 것은 아니었나 보다.

기회는 우연한 모습으로 찾아온다는 말이 있다. 하루하루가 우중충한 장마철 같던 나에게도 기회의 신은 우연을 가장하여 나타났다. 시험 기간이 되어 의정부 도서관에 공부를 하러 갔을 때, 나는 흔히 나타나지만 쉽게 볼 수 없다는 기회의 신을 보고야 말았다.

도서관에는 공부를 하러 온 어린 학생들이 꽤 많았다. 잠시 공부를 쉬고 자판기에서 커피 한 잔을 뽑아 마시던 중에 그 아이들이 눈에 들어왔다.

'저 아이들 중에서 몇 명이라도 가르칠 수 있다면 생활에 도움이 될 텐데.'

커피를 마시며 아이들을 살펴보다가 문득 과외를 떠올렸다. 그리고 돼도 그만, 안 돼도 그만이라는 생각으로 용기를 내어 아이들에게 다가갔다.

"얘들아, 이 형이 대학생인데 10만 원에 전 과목을 한 달 내내 봐줄게. 어때? 생각 있으면 부모님께 여쭤 보고 날 찾아와. 여기서 공부하고 있을 테니까."

"네? 과외요?"

낯선 사람이 다가와서 뜬금없이 과외를 해 주겠다고 하니 아이들은 황당하다는 반응이었다.

혹시라도 연락이 오면 고마운 것이고, 안 된다고 해도 내가 손해 볼 일은 없으니 그리 큰 기대는 하지 않았다. 그저 기다려 보자는 심정으로 다음 날에도 도서관에 나갔다.

1990년 당시에 전 과목을 10만 원으로 한 달 내내 봐 준다는 과외는 상당히 싼 편에 속했다. 저렴한 값에 전 과목을 봐 주겠다는 박리다매로 과외를 제안했던 것이다. 이런 방법이 통했는지 별 반응이 없을 줄 알았던 아이들이 찾아왔다. 부모님이 보자고 했다는 것이다. 툭 내던진 말에 과외 아르바이트 자리를 구했으니 다소 어안이 벙벙해졌다. 그렇지만 학교 식당에서 설거지를 하고 학과 사무실에서 잠을 자야 하는 신세를 벗어날 수 있다는 생각에 정말 열심히 했다. 그랬더니 한두 달 뒤에 아이들의 성적이 오르는 게 아닌가. 나로서는 가장 좋은 시나리오가 연출되고 있는 셈이었다.

처음부터 족집게 강사처럼 능숙하게 가르친 것은 아니었다. 단지 아이들과 함께하는 동안 이야기를 들어 주고 같이 공부를 한 게 전부였다.

아이들은 공부할 때 딴 짓을 하지 못하게 하기만 해도 성적이 오르는 법이다.

전 과목 10만 원짜리 과외 선생에게 그다지 큰 기대를 하지 않았던 부모님들은 성적이 오르자 나를 달리 보기 시작했다. 아이들의 성적이 오른 뒤부터 몇몇 어머니들이 따로 보자고 했다.

"선생님, 우리 아이 성적을 올려 주셔서 너무 고마워요. 그런데 있잖아요. 제가 과외비를 더 드릴 테니 우리 아이만 따로 좀 더 봐주실 수 없을까요?"

10만 원만 받아도 너무 좋겠다는 생각으로 시작한 일인데 과외비를 올려 준다니 마다할 이유가 없었다. 지금까지 했던 것처럼 최선을 다해 가르치기만 하면 되니 더 힘들어질 것도 없었다. 그렇게 개별적으로 봐 줘야 할 아이들이 어느덧 열 명이 됐고, 나는 이모님께서 사시는 빌라 지하실 방을 얻을 수 있게 알아 봐 달라고 해서 과외방을 만들었다.

차츰 내가 하는 과외가 소문이 났고, 그 소문 덕분에 과외 규모도 조금씩 커졌다.

그동안 도저히 만날 수 없을 것 같았던 기회의 신이 마침내 나를 찾아온 것이다. 게다가 한 번 찾아온 기회의 신은 금방 떠나지 않고 내 곁에 머물렀다. 그토록 기다리던 기회이니 나 역시 쉽게 떠나보내지 않으려 최선을 다했다. 그러자 기회의 신은 또 한 번 내게 손을 내밀었다.

기회의 신은 인생에서 단 한 번만 찾아오는 게 아니다. 한 번 찾아왔을 때 그 손을 꽉 잡으면 떠나지 않는다. 일단 그 손을 잡으면, 기회의 신은 두 번 세 번 보따리를 푼다. 나는 그 보따리를 계속 풀어 갔다.

아무리 작은 기회라도 그것을 놓치지 않고 재빨리 움켜쥐고 성공으로 잇는 실행에 옮기면, 이 또한 무한 동력 기관이 저절로 돌아가는 것처럼 기회가 또 다른 기회를 낳는 선순환을 경험하게 된다.

당시 과외 아르바이트는 현상 유지를 넘어섰고 나름 규모가 커지는 중이었다. 마침 고향 친구들 중에 나처럼 어려운 형편에 서울로 올라온 이들이 몇몇 있었던 터라 과외를 함께하자는 제안을 했다. 친구들에게 내가 받는 과외비를 나누어 줄 테니 내가 하던 방식으로 아이들을 가르치라고 한 것이다.

그렇게 6개월을 하니 내가 하는 과외가 또 소문이 나기 시작했다. 고액 과외도 마다 않는다는 강남 쪽에서도 연락이 온 것이었다.

누군가의 도움을 받지 않고 스스로 기회를 찾아 일을 만들고 성과를 올린 것은 이때가 처음이었다. 호구지책으로 시작했던 과외가 얼마 지나지 않아 웬만한 직장인 부럽지 않은 수입을 가져다준 것이다.

무언가를 간절히 원한다면 그것을 이루기 위해 무조건 움직여야한다. 무작정 잘되게 해 달라고 간절히 기도만 해서는 이루어지는 것이 없다. 손을 맞잡고 열심히 고개를 조아린다고 이루어진다면, 인류는 진즉에 행복한 유토피아를 맞이했을 것이다. 내가 무엇을 원하는지 구체적으로 깨닫고, 원하는 것을 이루기 위해 기도하는 만큼이나 절실하게 움직이고 또 움직여야 한다.

기회는 스스로 만드는 것이고 그럴 때, 기회의 신을 만날 확률도 높아진다.

___ 03
자신의 색깔을
보여줘야 한다

"생긴 대로 노네!"

누군가의 행동이나 말이 마뜩치 않을 때 흔히 내뱉는 말이다. 그래서인지 누가 나더러 생긴 대로 논다고 한다면 내 처지가 왠지 궁상맞고 덜떨어져 보인다는 전제가 깔려 있는 것으로 해석되기 때문에 농담으로 받아들이기도 힘들다. 그래서 생긴 대로 논다는 말에 대한 대답은 세게 날아가는 주먹 한 방일 수 있다.

그런데 비아냥거림을 걷어 내고 생각하면, 이 말은 다분히 철학적이기도 하다. '생긴 대로 논다', '생긴 대로 산다.'는 말은 결국 자연의 섭리를 거스르지 않는다는 뜻이기도 하다. 사람들은 원래부터 생긴 대로, 즉 타고난 체질이나 성향대로 사는 게 당연하다. 사상체질만 봐도 알 수 있다. 태양인, 태음인, 소양인, 소음인 등 타고난 체질에 따라 스타일도 제각각이라는 것이다. 물론 타고난 체질의 부족한 면모는 후천적으로 보완할 수 있다. 그러나 애초 타고난 체질 자체가 잘못됐다고 말할 수는 없다.

그동안 공부를 하면서 느낀 것은 '내 성격대로 사는 방법'을 찾아야 한다는 것이다. 내가 어떤 성격인지도 모른 채 주위에서 요구하는 틀에 끼워 맞추려고 하지는 않았는지 되돌아봤다. 둥글둥글한 나를 매사에 맺고 끊음이 분명해야 한다며 억지로 사각의 틀에 끼우려고 하면 어딘가는 잘려 나가고, 어딘가는 억지로 늘리게 된다.

이렇게 끼워 맞추는 고통을 군이 감수해야 할 이유가 있을까? 더군다나 내가 원해서 바꾸려는 것이 아니라 타인에 의해 바뀌어야 하는 상황이라면 결코 행복하지 않을 것이다.

학창 시절을 거치고 사회생활을 하는 동안, 이래저래 내 원래 모양새를 바꾸느라 종종 애를 먹었다. 원래의 내 성격은 뭔가를 끌어당기는 것을 좋아한다. 다시 말하면, 뭔가를 만들어 나와 맞는 사람들을 모아서 일을 진행하는 것을 좋아한다. 그런데도 비록 나와 맞지 않아도 서로 어울리고 맞춰 주는 게 사회생활의 기본이라 배웠다. 그리고 그게 맞는 줄 알고 따랐는데, 얼굴에 드러난 웃음기와는 달리 속은 시커멓게 타들어 간 적이 한두 번이 아니었다.

어울리고 맞춰 주는 사회생활의 요령을 터득하느라 보낸 시간은 무려 10년이 넘었다. 그동안 일이 잘 풀리지 않으면 속상해하고, 다른 일을 찾기 위해 여기저기 기웃거린 적도 많았다. 일관성을 가지고 내가 하고 싶은 일을 하기보다 메뚜기처럼 이곳저곳 뛰어다녔다.

그런데 어느 순간 차라리 내 성격대로 사는 게 낫지 않을까 하는 생각이 들었다.

성공한 사람을 모델로 삼아 그대로 따라 한다고 해서 모두가 성공하는 것은 아니지 않은가. 성공한 사람들을 통해 얻을 수 있는 것은 자극과 동기 부여가 거의 전부라고 할 수 있다. 그렇다면 내 장점이 무엇인지, 내가 어떤 사람인지 알아야 그 자극과 동기 부여라는 도화선에 불을 붙일 수 있다.

그때부터 나는 거침없이 내가 하고 싶은 일을 시작했다. 원하는 일이 떠오르면, 심사숙고하는 데 시간을 허비하지 않고 곧바로 뛰어들었다. 식당, 가구종합판매점, 종합가전 판매점, 평생교육원, 인쇄소, 신문사 등 언뜻 보면 전혀 연관이 없어 보이는 일이라도 아이디어가 떠오르면 일단 파고들었다. 그래서 내가 만든 사업체의 숫자가 수십 개가 된 것이다.

"아니, 나이도 그리 많아 보이지 않는데, 무슨 법인이 30여 개나 돼요?"

"그 법인들이 전부 운영 중인가요?"

만나는 사람마다 내가 대표이거나 대주주로 있는 법인 숫자를 듣고 놀란다. 문어발도 아닌데 무슨 법인을 그렇게 많이 운영하느냐고 의아해한다.

말로만 듣던 페이퍼컴퍼니가 아니냐는 의심의 눈초리를 보내는 사람도 있다.

"무슨 말씀이세요. 내가 행복해지기 위해서는 이런 일을 하면 좋겠다는 생각에 한 거죠."

　30여 개의 법인을 만든 것은 내가 행복해지기 위해서 시작한 일들의 결과다. 나는 재미있는 아이디어가 떠오르면 주저하지 않고 일을 벌인다. 그리고 마음 맞는 사람들과 속을 터놓고 각자의 역할을 나누고 정보를 공유하며 일을 해 나간다. 일이 잘되고 안 되고는 차후의 문제이다. 일단 내가 그 일에 푹 빠져 신나게 즐길 수 있어야 한다. 그렇게 재미있고 즐거운 마음으로 일을 하다 보면 성과는 저절로 따라오는 것이다.

　평생교육원을 비롯해 서로 다른 사업을 시작할 때마다 구성원들에게 나의 이런 마음을 전했다. 내 마음속에 찝찝한 구석이 사라지지 않고 뭔가 억지로 맞춰야 하는 느낌이 들면 그 일이나 사업을 하지 않는 게 좋다. 내가 행복할 수 없는 일을 억지로 하는 것은 어쩌면 자학 행위와 다름없을 것이다. 교육에 대한 흥미를 느끼고 평생교육을 할 수 있는 평생교육원 사업을 시작할 때였다. 많은 업계 관련자들이 나에게 이 사업의 성공과 실패에 대해 이야기하며 마치 자신들만 공유하고 전수하는 은밀한 성공 비법이 있는 것처럼 굴었다. 그러나 그것은 성공 비법은커녕 업계의 썩어 빠진 관행에 불과했다.

　교육 사업이라면 당연히 교육 콘텐츠와 강사진, 운영 프로그램 등에 투자하고 연구해야 한다. 하지만 비즈니스를 운운하며 최저가 경쟁이나 얼굴 마담 마케팅 등 교육의 본질과는 다소 거리가 먼 일에 몰두하는 경우가 많았다. 이런 업계의 관행에 맞춰야 성공한다지만, 나는 그게 너무나 힘들었다. 일하면서 행복하기는커녕 자꾸만 스트레스가 쌓이고 억지로 하루를 마감하는 날이 늘어났다. 더 이상 맞춰 주면서 끌려 다닐 수는 없었다.

'이제부터 내 방식대로 운영해야겠다. 내가 하고 싶은 대로 하고 업계 관행은 더 이상 신경 쓰지 말아야지!'

마음을 굳게 먹은지라 단호하게 업계 관행과 선을 그었다. 그리고 함께 일하는 구성원들에게 속내를 털어놓았다. 서로 어떤 게 안 맞았는지, 앞으로 어떻게 하면 좋을지 각자가 생각하는 바람 등을 이야기했다.

내가 하고 싶은 대로, 내 성격대로 평생교육원을 운영한 뒤부터 우리 회사에는 사장과 이사 등 임원들만 있게 되었다. 직원은 없다.

회계나 총무 업무를 하는 구성원은 있지만, 복종 관계로 이루어진 사장과 직원의 관계는 없다는 뜻이다. 구성원은 조직의 근간을 이루고 한 축을 담당한다. 입사일자가 언제인가는 상관없다. 입사한 지 하루가 됐든 한 달이 됐든 간에 나와 같은 임원의 신분으로 함께 일한다.

입사할 때 그럴싸한 명함이나 만들어 주려고 이사라 부르는 게 아니다. 그분들은 사장인 나보다 더 열심히 일한다. 그동안 아무에게도 내놓지 않았던 아이디어도 스스럼없이 내놓는다. 마치 만담을 주고받는 것처럼 서로 맞장구를 치면서 말이다. 코드가 맞는다는 말은 이런 때 쓰는 게 아닐까?

주인 의식이라는 게 말로만 주인 의식을 가지라고 해서 생기는 게 아니다. 구성원들에게 주인 대접을 해 줘야 주인 의식이 생긴다.

명령과 복종의 관계보다 함께 머리를 맞대고 즐겁고 재미있는 일을 찾아가는 동반자로 여겨야 한다.

어떤 사람은 관행을 중요하게 생각하고, 기존의 방식에 맞춰 살아야 한다고 강조한다. 물론 그럴 수도 있다. 그러나 사람들이 불행해지고 일이나 일상에 만족을 느끼지 못하는 것은 대체로 자신의 성격대로 하지 못하는 것에 대한 스트레스 때문이다. 목구멍이 포도청이다 보니 직업이나 직장의 선택은 물론이고 일을 하는 방식조차 자신이 원하는 대로 하기가 쉽지 않다.

내 방식대로 일한다는 게 주위를 의식하지 않고 내키는 대로 마구 일을 저지르는 것이라 생각하면 오산이다. 자기 성격대로 산다는 게 행복해질 수 있는 길이라는 것을 아는 사람은 뚜렷한 가치를 가지고 움직인다.

우리 회사의 사훈은 "우리의 사업을 통해서 세상을 긍정적이고 아름답게 변화시킨다."이다. 이 사훈이 나를 비롯해 구성원들이 추구하는 가치이며, 이 가치는 우리의 사고와 행동의 기준이 된다. 그래서 서로 의견을 주고받을 때, 의견이 다소 다르다고 해도 거칠게 공격하지 않는다. 세상을 긍정적이고 아름답게 변화시키기 위한 노력의 시작은 우리부터 아름답고 긍정적인 모습을 실천하는 것이기 때문이다. 각자의 의견이 다를 수도 있지만, 모두가 공감하는 가치 덕분에 상대방을 깎아내리거나 상처를 주지 않게 된다.

공감의 가치는 하나의 색깔을 뜻하지 않는다. 여러 색깔이 어울린 무지개이다. 타고난 말투나 행동을 바꿀 수는 없다. 호랑이가 호랑이로 태어난 기질을 감추고 어떻게 토끼나 여우처럼 굴 수 있겠는가. 여우나 토끼처럼 굴 때도 있었지만, 이런 모습이 오히려 안팎이 다른 이중적인 모습으로 비칠 때도 있었다. 애초의 나는 호랑이 기질이었다. 그렇다면 호랑이처럼 살아야 한다. 안 그러면 답답해 죽을 지경이 된다.

내가 호랑이인 것은 전혀 문제가 되지 않는다. 사업을 추진할 때는 호랑이처럼 거침없이 하더라도 사람을 대할 때는 토끼와 여우 등 다른 성격의 사람들과 잘 어울리면 된다. 호랑이라고 해서 늘 발톱을 세우고 이빨을 드러내는 것은 아니다. 호랑이도 제 식솔은 따뜻이 품어 주기 마련이다. 자신의 본성을 있는 그대로 받아들이며 조화롭게 어울리는 것이 진정한 어울림이다. 억지로 맞춰 주는 것은 어울림이라 할 수 없다. 조화로운 일곱 빛깔 무지개를 함께 만드는 어울림을 표현하려면, 오히려 자신의 색깔을 도드라지게 보여 줘야 한다.

04 ___
경험은 내 삶의
등불이다

"모든 경험은 하나의 아침, 그것을 통해 미지의 세계는 밝아 온다. 경험을 쌓아 올린 사람은 점쟁이보다 더 많은 것을 알고 있다."

레오나르도 다빈치는 매우 독창적인 인물로 미술과 건축, 천문, 의학 등 다양한 분야에서 두각을 나타낸 천재다. 그가 천재로 추앙받는 이유는 누군가의 도움이나 가르침보다 스스로의 경험을 축적하여 창의성을 발휘했기 때문이다. 아무리 천재라고 해도 갑작스레 하늘에서 뭔가 툭 떨어지고 영감이 퍼뜩 떠오르는 것은 아니다. 경험이 쌓이고 쌓여 결정적인 순간에 가치 있는 성과를 만들어 낸다.

경험은 요즘 말로 '만렙(게임에서 지원하는 최고 레벨)'을 채우기 위한 게이지를 하나씩 차곡차곡 쌓는 것이다. 기껏해야 한 뼘도 채 되지 않는 게이지라고 해도 만렙을 채우려면 반드시 필요하다. 그래서 그 어떤 경험이라도 내 인생의 행복과 완성이라는 그림판에 필요한 조각이 된다.

애플의 스티브 잡스는 대학을 중퇴한 뒤에도 잠시 학교에 머무르며 자신이 듣고 싶은 강좌를 들었다. 그중에서 캘리그라피 강좌는 지금의 애플이 누리는 영광의 씨앗이 됐다. 스티브 잡스는 나중에 애플 제품의 성공 요인에 대해 말할 때, 젊은 시절에 배운 캘리그라피 덕분이라고 밝힌 적이 있다. 그때 배운 캘리그라피 덕분에 애플 제품의 폰트와 디자인을 만들 수 있었다는 것이다.

스티브 잡스가 캘리그라피를 배운 것은 갓 스물을 넘긴 파릇한 청춘일 때였다. 이런저런 강좌 중의 한 과정이었을 뿐이다. 반드시 배우고 거쳐야 하는 과정도 아니었을 텐데 그럼에도 그때의 경험은 엄청난 성공을 빚어 낸 자양분이 됐다.

내가 과외로 성공할 수 있었던 것도 내가 체득한 나만의 공부법을 요긴하게 활용한 덕분이다. 대학생 때 무일푼 신세였다가 과외로 갑작스레 많은 돈을 번 것은 요행이 아니었다. 그리고 그때의 경험은 나만의 자산이자 성공 법칙으로 차츰 쌓여 갔다. 사실 그 당시에 돈을 갑자기 많이 벌게 되면서 슬슬 불안해졌다. 내가 이렇게 많은 돈을 버는 게 꿈인지 생시인지 모를 정도로 갑작스런 변화가 당황스러웠다. 예상했던 것보다 규모가 훨씬 커지자, 당혹감과 불안감이 슬며시 피어올랐다.

'이래도 되나? 나에게 이만큼 판을 벌일 만한 능력이 있는 건가?'

한 번의 성공으로 계속 구름 위에서 놀 수는 없었다. 곰곰이 생각해 보니 과외가 잘됐던 게 운이라기보다 나름대로 착실하게 단을 쌓아 올린 덕분이었다. 무엇보다 스스로 검증한 경험의 법칙에 대한 확신이 내가 쌓아 올린 단을 무너지지 않게 했다.

아무리 지방에서 고등학교를 다녔다고 해도 상위권이었으니 나름대로 공부의 요령을 알고 있었다. 다른 사람들도 공부를 잘하는 방법 정도야 알고 있겠지만, 그것을 남에게 잘 전달하는 것은 또 다른 능력이다. 내가 족집게 선생처럼 문제를 잘 찍어 준 것은 아니다. 그저 내가 했던 공부 방법에 대한 확신을 가졌고, 그 방법을 다른 사람도 제대로 적용할 수 있도록 가르쳐 준 것이다.

이렇다 할 학원도 없던 시절이었던 데다가 학원을 다닐 형편도 아니었던 터라 나는 오로지 나 스스로를 믿으며 독학을 할 수밖에 없었다. 그때 나의 공부법은 교과서나 참고서 등을 처음부터 끝까지 정독하기를 반복하는 것이었다. 특별할 것도 없는, 너무나 당연한 이 공부법을 많은 사람들이 놓치고 있었다.

대부분의 학원 선생님들은 학생이 책을 받아 오면, 단락을 나눠서 "내일은 1페이지부터 10페이지까지 배울 거야. 그러니 예습을 해 와."라고 한다. 아이들은 충실하게 따라 한다. 선생님 말대로 10페이지까지 공부를 하고 진도를 똑같이 따라간다. 그런데 딱 여기까지이다. 10페이지까지 했으니 공부를 다 했다고 책장을 덮는다.

아마 누구나 학교나 학원에서 이런 식으로 공부했다가 1년이 지나고도 끝까지 책을 떼지 못했던 기억이 있을 것이다.

나는 학기 초에 책을 받으면, 그날 그 책을 다 읽었다. 그리고 아이들에게 이 방법으로 똑같이 가르쳤다.

"얘들아, 여기 다 같이 앉아서 책을 읽자. 오늘 공부는 책 한 권 읽는 거다."

"네? 아직 배우지 않아서 읽어도 무슨 내용인지 모르겠는데요?"

"이해가 되지 않더라도 끝까지 읽어 보자."

아이들이 읽긴 읽어도 무슨 내용인지 모르는 것은 당연하다. 차근차근 가르치지 않고 무턱대고 읽으라고 하니 얼굴에 당혹스러움이 가득하다. 그러나 어쨌든 책 한 권을 뗀 셈이다. 처음부터 끝까지 뭔가를 끝낸 것이다.

수학 같은 과목은 힘들어도 국어나 사회, 역사 등은 이렇게 읽는 것이 가능하다. 책을 받자마자 다 읽는 것을 목표로 하고 하루만에 다 읽게 했다. 다 같이 하루에 한 권씩 처음부터 끝까지 완독하는 습관이 생길 때까지 반복을 거듭했다. 차츰 아이들은 스무 번, 서른 번을 읽으면서 내용을 알게 되고 맥락을 이해하게 됐다. 책을 받은 날 완독하는 것으로 선생님에 대한 의존도를 낮추는 효과도 기대할 수 있다.

나는 대학을 다닐 때도 이런 방식으로 공부를 했다. 책을 받는 그날 무조건 끝까지 다 읽었다. 아무리 시간이 늦어지더라도 그날 안에 완독한다. 날짜를 체크하고 여러 번 반복해서 완독하면, 내용이 이해될 뿐만 아니라 완독 시간도 갈수록 짧아진다. 조금씩 나눠 배우면 끝까지 다 못 할 때가 많다.

그때 내가 했던 과외는 문제를 풀어 주고 진도를 나가기보다는 코칭, 즉 스스로 공부하는 법을 찾을 수 있도록 안내하는 것이었다. 당시에는 코칭이라는 단어조차 생소할 때라 굳이 사용하지 않았지만, 길라잡이이자 동반자로 아이들과 함께했다. 이때의 경험은 어릴 적 돈벌이의 경험으로 그치지 않았다. 그때부터 시작한 코칭과 학습의 경험은 차츰 화수분이 되어 교육 사업에 큰 힘이 되고 있다.

무려 25년 전의 과외 경험이 지금 하는 일까지 연결될 줄은 미처 몰랐다. 코칭 방식의 과외 경험은 학습에 대한 생각을 바꿔 놓는 확신으로 이어졌다. 우선 계산기를 두드리는 것부터 다르다. 수강료를 계산하며 수지타산을 따지기보다는 교육에 대한 만족도로 계산기를 두드린다. 단기적인 관점에서 성적을 올리는 것이 아니라 공부하는 방법을 스스로 찾을 수 있도록 지지하고 응원한다. 내 방식이 학생의 인생에 더 도움이 된다는 것을 학원 선생님들도 알고 있을 테다. 하지만 그들은 성적을 단계적으로 조금씩 올리는 방식을 선택할 수밖에 없다. 그래야 학생이 꾸준히 학원을 다닐 테니까 말이다.

교육원이나 학원에서도 할 말은 많다. 당사자나 부모들은 성적은 좀처럼 꺾이지 않는 상승 곡선이어야 한다는 믿음이 원체 강하니 어쩔 수 없다는 것이다. 나도 부모들에게 이렇게 물은 적이 있다.

"만약에 중간고사 성적이 90점이었는데, 기말고사에는 80점을 받았어요. 그럼 학원에 보내시겠어요?"

"무슨 소리예요? 당연히 안 보내죠. 성적을 올리지는 못할망정 떨어뜨리는 데를 어떻게 보내요?"

부모나 당사자들이 이런 반응을 보이니 학원과 강사들도 고민을 할 수밖에 없다. 한꺼번에 성적을 올려 버리면, 나중에 감당이 안 되니 조금씩 성적을 올리게 한다. 그러니 말 그대로 성적은 상승 곡선을 그리는데, 공부를 하는 주체는 스스로 공부하는 방법을 깨닫지 못한다.

성적을 순차적으로 조금씩 오르도록 조절하는 방식의 수업은 배움보다 비즈니스가 우선이다. 배움의 본질까지 망각하고 오로지 계산기만 두드리며 매월 학원비만 생각하니 뭔가 삐걱댄다. 학원에 다니는 아이들은 마치 유명한 맛집 순례를 하듯 학원을 몇 달에 한 번씩 옮겨 다닌다. 대학생이나 성인도 마찬가지이다. 광고에 속았다느니, 강사가 실력이 없다느니 하며 아무렇지도 않게 학원을 갈아 치운다.

책을 완독하며 스스로 공부할 수 있는 방법을 가르쳐 주면, 학원 선생님들은 더 이상 가르칠 게 없다. 나는 이 방법을 택했다. 지금도 내가 운영하는 평생교육원의 학습 원리는 조금씩 배우면서 수강료를 내는 게 아니라 스스로 깨우치는 방식이다. 내 경험으로부터 비롯된 확신을 가지고 현재 하는 일에도 적용하는 중이다.

과거의 성공 경험을 무조건적인 성공 공식으로 확신하며 밀어붙여서는 안 되겠지만 성취했던 경험을 자신이 처한 상황에 맞도록 적절하게 적용하는 것은 충분히 도움이 될 수 있을 것이다.

05 __
미련스런 소의
발걸음이 밭을 간다

　무일푼의 청년이 한순간에 떼돈을 번다. 억만장자가 된 증권 천재의 삶은 세상을 다 얻은 듯하다. 그러나 한탕주의로 일군 성공은 봄날 벚꽃만큼이나 생명이 짧다. 마틴 스콜세지 감독의 미국 영화 〈더 울프 오브 월 스트리트The Wolf of Wall Street〉에서 조던 벨포트는 청운의 꿈을 안고 증권업에 뛰어들었다. 그러나 그에게 증권은 정상적인 투자가 아니라 투기였고 도박이었다. 그는 "이 일이 범죄라고 생각한다면 맥도날드에 가서 일하라!"라고 호기롭게 떠들며 자신의 한탕주의를 내세웠다. 그렇지만 버젓이 사기극을 벌이며 승승장구하는 것처럼 보이던 그가 나락으로 떨어지는 것은 한순간이었다.

　한탕주의를 꿈꾸는 것은 달콤한 유혹에 무릎을 꿇는 것과 마찬가지다. 워렌 버핏이나 조지 소로스와 같은 투자 전문가들은 한탕주의

보다 오랫동안 기업의 가치를 분석하고 연구하며 투자해서 성공한 사람들이다. 그들이라고 해서 어찌 한탕주의의 유혹이 없었겠는가. 모르긴 몰라도 크게 한탕 칠 수 있는 정보쯤은 알고 있었을 것이다. 그럼에도 그들은 지름길보다 올곧게 뻗은 기나긴 길을 선택했다. 미련스러운 소의 발걸음이 밭을 갈고, 진땀 흘리는 삽질이 건물을 세우는 것이다.

예전에 지역 신문사를 운영한 적이 있다. 젊은 나이에 신문사를 하니 곳곳에서 전문가가 찾아왔다. 신문사에서 오랜 경험을 쌓은 사람들이었다. 어떻게 하면 성공할 수 있는지 가르쳐 주겠단다. 그 가르침은 관행대로 하면 망하지 않는다는 것이다. 그 관행 중에 대표적인 게 촌지이니, 기자들이 촌지를 받는 것에 대해 모른 척하란다.

그러나 길이 아닌 곳을 가라는 말에 화가 치밀었다. 가뜩이나 촌지 때문에 온갖 욕은 다 먹고 있던 터였다. 나는 편집국장에게 말했다.

"이제부터 기자들은 촌지 받지 마세요."

"아니, 그런 것을 안 받으면 어떻게 생활을 하고 신문사를 유지합니까? 뭘 모르시나 본데……."

"만약 촌지를 받는다면, 저는 이 신문사에서 손을 떼겠습니다. 신문사 수입을 위해서라면 광고를 유치하고 구독자를 늘리면 되잖아요?"

"허허, 그것 참……."

애초에 지역 신문을 시작한 이유는 단순했다. 지역의 좋은 정보를 알려 주겠다는 게 전부였다. 공주가 대도시는 아니지만 다양한 일을 하다 보니 좋은 정보를 얻을 수 있었다. 지역의 소식뿐 아니라 생활에 도움이 되는 콘텐츠 등을 신문에 싣고 싶었다. 그런데 정작 신문사에서 일하는 사람들이나 관련자들은 떡보다 떡고물에 더 관심이 많았다.

어느 순간, 나는 기자들에게 촌지나 뜯어 오게 하는 양아치 취급을 받고 있었다. 속이 부글부글 끓었다. 여기저기서 나를 보고 "새파랗게 젊은 놈이 돈맛을 알더니 이젠 사람들 등까지 쳐 먹는다."라고 수군댈 정도였다. 내가 아니라고 해도 소용이 없었다. 기자들이 관행대로 촌지를 받으니 사장인 내가 욕을 먹을 수밖에 없었다.

서울에 있는 일간지에서 기자를 하다가 퇴직하신 분, 크고 작은 여러 신문사에서 기자를 하셨던 분 등 소위 신문밥 좀 먹었다는 분들은 내게 관행을 무시한다고 난리였다. 그러나 나는 과감히 촌지관행을 끊어 버렸다. 그러자 차츰 신문사를 바라보는 눈길이 달라졌다. 예전에는 기자가 나타나면, 돈 봉투를 줘야 한다는 생각에 사람들의 인상이 찌푸려졌다. 하지만 촌지를 일절 받지 않으면서부터 그들의 태도가 달라졌다. 사람들은 우리를 믿기 시작했다. 촌지를 버린 대신 공신력이라는 강력한 힘을 가질 수 있게 된 것이다. 무릇 언론사라면 신뢰가 우선이지 않은가.

옳은 길은 아무도 가지 않으려 했던 길일 수 있다. 또한 지금껏 수많은 사람들이 지나갔다는 길이 실패의 길일 수도 있다. 촌지를 받는 것은 언론의 본질인 공신력을 해치는 것이다. 제 살 깎아 먹는 짓을 관행이라 포장했을 뿐이다.

얼마 전에 여행사를 시작했을 때도 말이 많았다. 여행업계가 불황이라는데 왜 그 사업에 뛰어드느냐는 만류도 있었다. 돈을 벌겠다는 생각만 했다면 나도 뛰어들지 않았을 것이다. 그저 여행이 좋아서 직접 해 보려는 생각에서 벌인 일이다. 많은 여행사들이 실패하는 이유는 돈 벌겠다는 생각만 하기 때문이다. 여행이란 꿈꾸던 곳을 다녀와서 행복해지는 과정이다. 가기 전에 설레고, 갔다 온 후에 여운을 만끽하는 삶의 일부이다. 그런데 일부 여행사는 돈만 좇는다. 여행을 간 사람들은 굳이 하지 않아도 될 쇼핑 때문에 시간을 빼앗기니 불쾌함만 잔뜩 남는다.

한 여행사를 인수한 뒤에 가장 먼저 여행 코스에서 쇼핑을 빼라고 했다. 그러자 신문사처럼 이곳에서도 볼멘소리가 나왔다.

"사장님, 여행객들을 면세점에 데리고 가서 물건을 사게 하면 수수료가 나옵니다. 호텔이나 음식점도 약간 낮은 급으로 해서 경비를 절감할 수 있습니다. 그런데 그걸 하지 말라니요? 그럼 우리 수입이 줄어드는데요?"

"아니, 이사님. 여행을 왜 가나요? 사람들이 저마다 세계 여행이 꿈이라 합니다. 그만큼 여행을 가겠다는 사람들은 많아요. 하지만 정작 여행에 대해 잘 모르니 여행사를 찾습니다. 그분들이 원하는 것은 쇼핑이 아닌 '진짜 여행'입니다."

사람들이 여행을 다녀와서 꿈을 이뤘다고 할 수 있는 여행을 제공하는 것, 그것이 내가 여행사를 차린 이유이다. 그렇지만 16년이나 이 업계에서 일한 베테랑 이사님은 도통 이해가 안 된다는 표정이다. 가이드도 마찬가지이다. 두 사람은 나에게 여행 관련 비즈니스를 가르쳐 주겠다며 이야기보따리를 풀어 놓았다.

보통 여행사는 가이드를 채용한다. 여행 사업에 필요한 인력을 채용했으니 돈을 줘야 한다. 그런데 이 상식이 일부 여행업계에서는 비상식으로 둔갑한다. 일부 업체일 수 있지만, 현지 가이드가 관광객을 보내 달라고 여행사에 요청하고, 가이드는 그 대가로 관광객 한 사람당 일정 수수료를 떼서 여행사에 준다. 즉, 가이드는 여행사로부터 관광객을 할당받아야 수익이 생기는 것이므로, 이를 위해 여행사에 리베이트로 돈을 준다. 그렇게 지출한 돈을 벌어들이고 수익을 더 챙기기 위해 쇼핑에 열을 올리는 것이다. 가이드가 생각한 만큼 면세점에서 매출을 올리지 못하면 다른 데를 데리고 간다. 여행객들의 입장에선 여행의 본질은 사라지고 쇼핑하러 비싼 돈 들여 외국으로 나간 셈이다. 이 사실을 알게 됐을 때 나는 무척이나 화가 났다.

"제가 사장 맞죠? 제가 돈을 투자한 것이고, 월급도 제가 드리는 것이고, 망해도 제가 망하는 거 맞죠?"

"그렇긴 한데……, 왜 그러시죠?"

"그럼 지금 여행업계에서 문제가 되는 것은 하지 마세요. 이런 것을 우리는 안 한다고 공지하세요."

"네?"

놀란 토끼 눈으로 나를 바라보던 이사님은 어쩔 줄을 몰라 했다.

무식하면 용감하다더니 딱 그 짝이라는 염려의 눈길을 보내기도 했다. 그렇지만 내 말이 허튼소리가 아니라는 것을 알기까지는 그리

오랜 시간이 걸리지 않았다.

일본 MK택시 회사와 교세라 방문 패키지를 할 때였다. 여행을 가기에 앞서 나는 여행객들에게 여행 코스에 있는 면세점에서 물건을 사지 말라고 했다. 가이드가 원래 여행 일정상 한 번은 들러야 한다고 해서 들르긴 했다. 그러나 거기서 물건을 사지 말고, 할인매장이나 인터넷 상점에서 더 저렴하게 파는 물건들이니 필요하면 거기서 사라고 했다.

물론 면세점에 갔으니 물건을 사는 분들도 있었다. 관광객들이 물건을 샀으니 가이드가 수수료라고 10% 정도를 우리 여행사에 입금해 줬다. 썩 내키지는 않아서 나는 그 돈으로 책을 사서 물건을 사신 분께 선물로 드렸다. 이번 여행의 방문지였던 MK택시와 교세라와 관련한 책을 드린 것이다.

책을 선물한 이유는 애초부터 기대하지 않았던 수익이었기 때문이다. 여행 자체에서 10% 정도의 수익이 발생하는데, 가외 수익을 올릴 이유가 없었다. 돈 욕심이 없는 도덕군자인 척하는 게 아니다.

몇 푼 안 되는 커미션 때문에 여행의 본질을 해치고, 가이드에게 휘둘리는 게 무슨 도움이 될까? 그리고 예전에는 이런 사실을 숨길 수 있었겠지만, 요즘에는 그럴 수도 없다. SNS 시대에 이런 정보를 감추려고 해야 감출 수 있는 게 아니다.

리베이트, 커미션 등의 관행을 묵인했다면 아마 얼마 가지 못해 여행사는 문을 닫아야 했을지도 모른다. 아니, 내 자신이 여행 사업에 대한 흥미를 잃고 바로 그만두었을 것이다.

내가 옳다고 여기는 길은 더디고 힘들더라도 묵묵히 갈 수 있어야 한다. 쉽게 가는 길의 유혹은 달콤하다. 하지만 그 길은 달콤한 만큼 위험의 크기도 커진다는 것을 잊지 말아야 한다.

___ 06
내 가치에 대한 냉정한
평가를 내려야 한다

"좋겠어요. 하고 싶은 걸 마음대로 하며 사니까."

내가 하고 싶은 대로 일하며 산다니 누군가는 이렇게 말한다. 진정 부러워서 하는 말인가는 알 수 없으나, 여하튼 내가 그렇게 살고 있다고 인정해 주는 것만으로도 나는 감사하다. 뼈아픈 실패의 아픔을 겪은 덕분에 이렇게 살 수 있으니 다행인 셈이다. '실패는 성공의 어머니', '실패 없는 성공은 없다' 같은 빤한 말을 하려는 게 아니다. 실패를 통해 내 가치에 대한 열망이 생겼고, 그 열망으로 내 갈 길을 갈 수 있었다.

대학을 다니다가 공주에 내려온 뒤에 과외로 번 돈을 밑천 삼아 요식업을 했다. 이때도 적잖이 재미를 봤다. 하는 일마다 재미있는 아이디어가 샘솟고, 또 그 아이디어로 성과를 얻으니 뭘 해도 성공시킬 자신이 있었다. 그러다가 생활정보신문과 지역 신문까지 창업하여 경영을 하게 됐다. 지역에서 성공한 청년 실업가로 인정받을 때였으니 한창 신이 났던 시기였다.

당시 천안에 생활정보신문을 인쇄하는 업체가 있었는데, 그 업체의 사장님은 내가 갈 때마다 붓글씨를 쓰고 계셨다. 돈 버는 재미에만 푹 빠져 있던 나로서는 참으로 독특한 캐릭터로 보였다. 한번은 인쇄된 신문을 찾으러 갔는데, 그분이 자신의 꿈을 이야기해 주셨다.

"나는 나중에 산에다가 야생화 씨앗을 뿌려서 야생으로 자라게 하고, 그렇게 자란 것들을 파는 일을 하면서 살고 싶어요."

허허로운 들판에서 사색을 즐기는 선비가 따로 없었다. 붓을 쥔 손은 여유로웠고, 은근한 미소가 담긴 표정은 평온하기 그지없었다. 당시 내 나이가 스물아홉 무렵이었는데, 그분과 이야기를 나누고 있는 동안에는 매연과 온갖 소음으로 가득 찬 도심이 갑자기 시냇물이 흐르는 한적한 시골로 바뀐 듯한 착각을 할 정도였다. 붓글씨를 즐기며 도시보다 전원생활을 꿈꾸는 그분에게는 그야말로 품위가 넘쳐흘렀다.

내가 아무리 젊은 나이에 성공을 했고 사회 경험이 많다고 여기고 있어도, 남들이 보기에는 덜 익은 열매에 불과했다. 나는 겉으로 보이는 그의 모습만 보고 까닭 모를 믿음을 가졌다. 그동안 전혀 볼 수 없었던 캐릭터에 묘한 신비감을 느꼈고 왠지 모를 신뢰감도 쌓여 갔다. 치열한 경쟁과 산술적인 이해관계가 난무한 비즈니스 세계에서 보기 드문 인품이라 여겼던 그분이 어느 날 나에게 솔깃한 제안을 했다. 당시 나는 가구종합판매점과 종합가전 판매점 등을 열어 수중에 제법 돈이 모여 있을 때였다.

"유 사장, 종이 좀 미리 사 놓을래요? 종이를 선불로 몇 톤 구입 한다고 하면 일반 공급가보다 10% 더 할인받을 수 있어요. 10%가 별로 크지 않아 보이지만, 내 거래업체가 30군데가 되니 일주일 만에 다 팔 수 있어요. 그럼 그 10%가 결코 작은 게 아니지."

들고 보니 정말 그럴듯한 제안이었다. 그때만 해도 종이를 공급하는 업체가 얼마 되지 않는 데다 외상으로 구입하면 나중에 돈을 100% 다 주어야 하는 데 비해 선불로 가져오면 10%를 할인받을 수 있는 구조였다.

"1,000만 원이면 100만 원이 남는 것이고, 1억 원이면 1,000만 원이 남는 구조이니 돈이 돈을 버는 셈이지."

당시 나는 그분의 인쇄소에서 지역 신문과 생활정보신문을 찍고 있었다. 그때 생활정보신문이 주 5회 발행됐으니 기본 물량이 제법 됐다. 게다가 다른 업체들도 종이가 필요하니 내 일에도 도움이 되고 추가로 수익을 올릴 수 있었기에 나로서는 마다할 이유가 없었다.

"그럼 종이를 얼마 정도 구입하면 될까요?"

"한 1억 원 정도면 돼요."

한창 사업이 잘될 때라 1억 원 정도는 당장 갖다 줄 수 있는 상황이었다. 그리고 계약서를 쓸 생각도 하지 않았다. 그동안 그 사장님을 워낙 신뢰할 수 있는 분이라 여겼던 터라 그것만으로도 충분히

신의를 가질 수 있다고 생각했다. 게다가 만에 하나 문제가 생긴다고 해도 매출 장부에 1억 원을 먼저 선입금한 것으로 잡아 놓고, 내가 신문을 인쇄해 가는 비용을 공제해 가도 되니 큰 걱정을 하지 않았다.

생각지도 않은 제안을 수락하고 돈까지 준 지 한 달이 지나자, 그분은 새로운 제안을 또 했다.

"종이가 아주 좋은 조건에 나왔는데, 이참에 인쇄소를 같이 해 보는 게 어때요?"

좋은 사업거리를 나눠 준 데 이어 동업까지 제안해 오니 감사한 마음이 들었다. 게다가 붓글씨를 쓰는 점잖고 품위 있는 사람이라 동업을 한다고 해도 크게 부딪칠 일은 없을 것이라는 생각이 들어 선뜻 제안을 받아들였다.

한 달 전의 1억 원보다 규모가 훨씬 커졌지만 나는 좋은 기회를 놓치고 싶지 않은 마음에 있는 돈 없는 돈을 싹싹 긁어모았다. 그리고 가계 수표까지 발행해서 7억 원이라는 거금을 그분에게 건넸다.

나이 서른을 앞두고 성공의 문이 또다시 열리는 듯했다. 누군가 청춘의 무게에 힘들어할 때 나는 사업을 확장하는 재미에 빠져 하루하루가 즐거웠던 셈이다.

7억 원이라는 큰돈을 투자하는 것에 대한 불안감이 없었던 것은 아니다. 하지만 당시 내가 운영했던 가구종합판매점이 꽤 수익을 올리고 있던 터라 웬만한 리스크는 감당할 수 있으리라 판단했다.

"투자하신 가계 수표는 너무 걱정하지 마세요. 종이 판매나 인쇄

수익으로 그때그때 막으면 됩니다."

아무래도 나보다 더 이런 거래에 익숙하시겠거니 하며 철썩같이 그분의 말을 믿었다. 이렇게 쉽게 돈을 벌 수 있구나 하는 생각에 저절로 흥이 나기도 했다. 서른을 여는 무대의 막은 화려했고, 내 인생의 스포트라이트는 눈이 부셨다.

내가 생각했던 화려한 무대의 막과 스포트라이트는 사기를 위장한 천이었고, 눈을 가리기 위한 눈부심이었다는 것을 깨닫기까지는 그리 오래 걸리지 않았다. 7억 원이라는 거금을 건네준 지 2주일 정도 지난 뒤, 다른 신문사 사장으로부터 놀라운 소식을 전해들은 것이다.

"사장님께서 거래하시는 인쇄소 있잖아요. 그 인쇄소가 팔렸다는데요?"

"무슨 말입니까? 내가 동업한다고 돈까지 줬는데, 나도 모르게 팔렸다니 말이 돼요?"

어이없는 소문이라 일축했지만, 소문은 곧 진실로 밝혀졌다. 알고 보니 청주에 있는 신문사에서 그 인쇄소를 인수했다는 것이다.

황당했던 나는 인쇄소 사장을 만나 따졌다.

"대체 이게 어찌 된 일입니까?"

"그게, 사정이 좀 생겨서요. 아무튼 죄송하게 됐어요. 우선 내가 인쇄를 해 준 업체들에게 미수금을 받을 게 있으니 그 돈을 받아서 유 사장이 투자한 돈은 갚을게요."

황당하고 어이가 없었지만, 무엇보다도 돈을 다시 받아 내는 게 급했다. 그런데 동업이 깨진 것도 문제였지만, 미수금을 줘야 하는 업체들이 하나같이 나 몰라라 하는 식으로 나왔다. 이미 망해서 다른 회사가 인수한 업체에 굳이 돈을 갚을 필요가 없다는 얌체 의식의 발로였다.

춘몽은 악몽으로 치닫고 있었다. 당장 가계 수표를 결제해야 하는 시기가 돌아오고 있었다. 이것을 막지 못하면 형사 사건으로 갈 수 있으니 어떻게든 막아야 했다. 인쇄소 사장을 바라보고 있으려니 닭 쫓던 개가 지붕 쳐다보는 격이었다. 급한 대로 가구종합판매점 물건을 싸게라도 팔아서 가계 수표를 메울 수밖에 없었다.

가계 수표에다가 여기저기 빌린 돈을 갚으려고 동분서주하는 동안, 나는 인쇄소 사장을 찾아가서 어서 빨리 문제를 해결해 달라고 했다. 그랬더니 이분도 급기야는 나 몰라라 하며 안면을 바꿨다.

어떻게 이럴 수가 있느냐며 화를 내기도 하고 빌며 하소연도 했지만 소용이 없었다.

사람이 점점 변해 가는 모습이 너무나 무서웠다. 시간이 갈수록 자신의 잘못을 반성하기는커녕 내가 뭔가 모자라서 당한 게 아니냐는 듯 대하기 시작했다.

그때의 충격은 너무나 컸다. 오죽하면 집에서 이불을 뒤집어쓴 채 바깥에 나가는 것을 꺼렸겠는가. 거의 한 달 동안 집 밖으로 나가지 않았다. 부모님은 내가 혹시라도 죽으려는 게 아닌지 걱정을 하셨다.

방 안에 홀로 있자니 죽을 만큼 괴로웠다. 처음에는 믿었던 사람한테 큰돈을 날렸다는 억울함에 치를 떨었다. 하지만 그 돈은 어떻게든 막을 수 있었으니 그게 괴로움의 본질은 아니었다. 그보다 내가 모멸감을 느꼈던 것은 내가 고작 7억 원밖에 안 되는 가치로 보였다는 것이었다.

내가 만약 100억 원의 가치로 보였더라면 이 정도 돈에 나한테 사기를 쳤겠는가?

사기를 당하기 전까지만 해도 성공한 청년 실업가로서의 포부가 가득했다. 지금보다 더 높이 날겠다고, 또 날 수 있다고 굳게 믿고 있었다. 내가 대표로 있던 지역 신문사나 가구종합판매점 등의 사업도 기세가 꺾이지 않고 있었던 터라 100억 원이 부럽지 않았다. 나도 언젠가는 도달할 수 있는 현실적인 목표라고 생각하고 있었으니 말이다. 그렇지만 내가 달고 있던 날개는 이카로스의 날개였나 보다. 높게 날기 위해 날갯짓을 힘차게 했건만, 오를 대로 올라가니 그 날개는 한순간에 꺾이고 녹아 버리고 말았다.

100억 원이 부럽지 않은 나의 꿈과 포부 때문에 내 가치도 그만큼 될 줄 알았다. 그러나 현실에서의 내 가치는 고작 7억 원밖에 되지 않았다. 나는 당장 잃은 돈보다 내 가치에 대한 고민 때문에 몸부림을 쳤다. 인쇄소의 사장은 내 가치를 7억 원 정도만으로 판단하고 사기를 쳐서 인연을 끊어도 된다고 생각했을 테다.

사기를 당하거나 실패했을 때, 정작 고민하고 분노해야 하는 것은 나의 가치에 대한 평가이다. 실패의 가치는 곧 내가 지닌 가치에 대한 평가와 같다. 실패나 사기 때문에 낙담만 할 게 아니라 내 가치에 대한 냉정한 평가를 내려야 한다. 50만 원을 떼였다면, 내 가치가 고작 50만 원인 셈이다. 그렇다면 떼인 돈 50만 원이 아까운 게 아니라 겨우 50만 원의 가치밖에 안 되는 나 자신에 대해 냉정한 평가를 할 줄 알아야 한다. 그리고 그 냉정한 평가를 발판 삼아 내 가치를 어떻게 키울지를 고민하는 게 실패와 사기의 낙담에서 벗어나는 지름길이다.

— 07
절벽에 선
까닭

"내일만 사는 놈은 오늘만 사는 놈한테 죽는다."

살벌하게 느껴지는 이 말은 영화 〈아저씨〉에서 원빈이 장기 밀매업자와 통화하면서 내뱉은 말이다. 더 나은 미래를 살겠답시고 극악무도한 짓을 저지르는 악당에게 내뱉는 이 말에서 원빈의 절박하고 간절한 마음을 읽을 수 있다.

유일하게 감정 교류의 끈을 잇고 있던 이웃집 소녀가 장기 밀매 조직에 납치되자 세상을 피해 숨어 살던 원빈은 거리로 나선다. 소녀를 반드시 구하겠다는 그의 각오는 자신의 목숨을 바로 '오늘' 버릴 수도 있다는 뜻이다.

간절하고 절박한 사람과 그렇지 않은 사람의 말로는 영화의 내용과 다를 바 없다. 영화는 영화일 뿐, 현실은 그렇지 않다고 냉소를 띠는 사람도 있을 테다. 그러나 나는 간절함이 안이함을 이긴다고 믿는다. 아무리 재미있게 일을 하고 인생을 즐긴다고 해도 시작은 간절함이어야 한다. 간절하게 시작해야 일이든 인생이든 정상 궤도에 올라설 수 있다. 궤도에 올라서야 질주의 재미도 느끼게 된다.

1990년대 초반 대학 시절, 나는 집안 형편이 너무 어려워 돈을 벌어야 했고, 돈을 버는 것은 용돈 벌이가 아닌 생존 행위였다. 이러한 현실적인 절박함으로 과외를 시작했는데, 차츰 과외로 돈을 버는 것 말고도 과외 운영의 재미를 느끼게 됐다. 친구들과 의기투합해서 함께 학생들을 가르치고, 또 내 과외 방식이 서울 강남에서도 인정받고 있다는 생각에 힘든 줄을 몰랐다. 아마 간절함으로 시작하지 않았다면, 이런 재미를 느껴 보기도 전에 그만두었을지도 모른다. 간절하게 시작한 것이 어느 정도 성과를 가져다주면 저절로 간절함의 크기는 줄어들고 재미를 찾게 된다.

지금도 나는 어떤 일을 시작할 때마다 스스로를 절벽 끝에다 세워 놓고 시작한다. 지금 하는 일이 아무리 잘되고 또 열심히 하고 있어도 당장 내일 망할 수도 있다는 생각을 항상 한다. 한순간에 모든 걸 태워 버리고 재만 남을 수 있다고 생각하는 것이다. 어떤 사업을 해도 '에이, 이 정도 벌었으면 됐지.'라고 마음을 놓는 순간 무너지게 되는 것이다.

나도 20대 후반에 또래들보다 돈을 좀 많이 벌게 되자, '이만큼 벌었으면 충분하지.' 하고 생각했다. 그때부터 내가 하는 일 말고도 주변을 돌아다니며 오지랖을 떨고 내 성격과 생각대로 뭔가를 하기보다 마치 사교계에 입문하여 눈도장을 받으려는 듯 사람들을 의식하고 다녔다. 당시 고향에서 청년 사업가로 인정받고 있었으니 오죽했겠는가. 어느덧 나의 관심이나 생각은 내가 하는 일보다 다른 사람, 다른 사안을 향했다.

　달콤한 성공에 안주한 안이함은 쓰라린 실패에게 손짓을 했다. 아직 나이 서른이 되기도 전에 큰돈을 벌었지만, 그만큼 내 손아귀에서 허무하게 빠져나가는 실패도 겪었다. 20대 후반에 달콤한 성공과 쓰라린 실패를 모두 겪자, 나는 무슨 일을 하든 맡은 일은 늘 최선을 다한다는 것을 철칙으로 삼았다. 그날 일이 모두 마무리되어야 퇴근하고, 모르는 것은 책이나 학습을 통해서 해결하는 것이 일상처럼 몸에 배었다. 회사에서 다른 사람들이 하는 것보다 두 배, 세 배의 노력을 한다. 나는 사장이니 조금 여유를 부려도 된다는 생각은 한 번도 해 본 적이 없다.

　매번 절벽 끝에 선 심정으로, 매일 최선을 다하는 일상으로 삶을 산다는 게 어쩌면 너무나 빡빡한 삶이 아니냐는 질문을 받기도 한다. 그런데 정작 나는 빡빡하기는커녕 재미있다. 절벽 끝에 선 심정이니 때로 비장한 각오를 되새길 때도 있지만, 매일 습관처럼 하다 보니 그냥 즐기게 된 것이다.

　영화 〈아저씨〉의 주인공처럼 웃음기 하나 없는 비장한 얼굴로 하루를 시작하고 마무리하는 것은 아니지만, 절벽 끝에 선 심정으로 사람을 만나고 일을 만들어 간다. 나는 사람들을 만날 때마다 반드시 이렇게 말한다.

　"저와 이렇게 만나서 이야기할 수 있는 것은 평생에 오늘 한 번밖에 없는 기회입니다."

"네?"

나를 만날 수 있는 기회가 단 한 번뿐이라고 하니 대부분 적잖이 당황한다. 연예인도 아닌데 만날 수 있는 기회가 두 번 다시 오지 않는다고 하니 황당하고 불쾌하다는 반응도 있다.

"아, 뭐 꼭 오늘만 볼 것도 아닌데……. 그리고 몇 번 더 만나 봐야 서로 알지 않겠어요?"

"내일 저에게 무슨 일이 일어날지 어찌 알겠습니까? 저는 오늘이 마지막이라 생각해서 제가 알고 있는 것은 최선을 다해 말씀 드리려고 합니다."

"뭐, 한 번 만나서 모든 것을 다 안다는 게 좀 그렇고. 아무튼 좀 더 이것저것 준비해서 다음에 또 만나죠."

오늘밖에 만날 수 없다는 각오로 상대방을 대하는 이유를 이해하지 못하는 사람들은 대체 무슨 말이냐고 묻고 싶은 표정이다. 하지만 차마 대놓고 그렇게 물을 수 없으니 난처한 웃음을 지으며 그저 앞으로 쭉 만날 수 있는 관계를 만들자고 말끝을 흐리기도 한다. 이런 반응을 보이는 사람들은 대체로 절박함이 엿보이지 않는다.

나는 오늘뿐이니 최선을 다할 수밖에 없다. 인간관계라는 것은 모래 위에 지은 성과도 같다. 언제 무너질지 모르기 때문이다. 내가 잘나갈 때는 인간관계에 별 문제가 없다. 조금이라도 내 위치나 상황이 흔들리면 굳건하다고 봤던 인간관계도 금세 허물어진다. 그래서 나는 늘 오늘이 마지막이라고 생각하며 사람을 대한다. 상대방의 인격이 미덥지 못하다는 게 아니라 그 관계를 더 충실하게 하기 위해서이다.

다른 사람과의 관계가 1년 동안 이어진다는 보장은 그 누구도 해 줄 수 없다. 가령, 내일 당장 나한테 무슨 사고가 일어날지도 모를 일이다. 그래서 현재에 충실해야 한다. 다음에 보자는 것은 기약할 수 없는 약속이다. 누구라도 장밋빛 미래, 서로에게 충실한 관계의 다짐을 말할 수는 있다. 그렇지만 이 얼마나 덧없는가. 한낱 춘몽과도 같은 달콤한 이야기가 모두 실현되는 것이 이 세상이라면, 이 세상은 진작에 더 긍정적이고 더 아름다운 세상이 됐을 테다.

깨달음을 찾으려는 자에게는 머리에 불붙은 사람이 연못을 찾을 때의 절절함이 있어야 한다. 절벽 끝에 선 사람은 머리에 불이 붙은 것만큼이나 절절한 마음으로 서 있을 것이다. 절절해야 불을 끌 연못을 찾는 것에만 온 신경을 쓰게 되듯이, 절벽에 서서 더 이상 물러설 수 없다는 마음이어야 목표에 대한 집중력을 키울 수 있다. 절벽 끝에서는 풍광 좋은 경치에만 빠져 있을 수 없는 것이다.

08 __
오늘 이 순간은
다시 오지 않는다

오늘보다 미래를, 절박함보다 여유를 말하는 게 왠지 인생의 지혜처럼 느껴질 때가 있다. 나도 여유로운 삶을 살겠다며 10년 뒤를 보고 20년 뒤를 상상하며 살던 때가 있었다. 그게 마치 인생의 오묘한 진리를 깨달은 것처럼 여겨져 가족과 주위 사람들에게도 조언을 하기도 했다.

"10년 보고 투자하는 거야. 그러니 길게 보고 큰 호흡을 할 줄 알아야지."

현자가 된 듯 내 생각을 이야기하고 다녔지만, 정작 문제가 생겨 제대로 풀지 못했다. 사람들과 문제가 생겨도 그 문제를 어떻게 해결할지에 몰두하지 않고 그저 조급해하지 말자고 말하며 합리화시키기도 했다. 다 잘되기 위해서 투자를 한 것이니 10년 뒤를 내다보며 당장의 문제나 위기에 가벼이 흔들리지 말아야 한다는 것이었다. 그런데 이런 안이한 생각은 더 큰 위기를 불러왔다.

대한민국 남자라면 대부분 그러하듯이 나 역시 일과 회사가 인생의 대부분을 차지한다고 생각했다. 식구들이 배고프고 힘들어해도 애써 가장의 면모를 내세운답시고 둘러댄 레퍼토리는 늘 똑같았다.

"에이, 10년 후에는 잘될 테니까 걱정 마. 아니, 그렇게 걸리지도 않아. 5년 뒤에 두고 봐. 다 잘돼 있을 거야."

아이를 바라볼 때도 당장 사랑해 줘도 모자랄 판에 자꾸만 나중에 잘해 줄 거라고, 여유가 될 때 한껏 사랑해 줄 거라고 미루기 일쑤였다. 늘 일에 치이다 보니 집보다 밖에 있는 시간이 많아 아내가 뭐라 해도 잘못한 게 하나도 없다는 듯 대꾸했다. 아이가 한창 커갈 때도 달라진 것은 없었다. 그런데 아내의 말 한마디에 정신이 번쩍 들었다.

뭐가 그리 바쁜지 집을 잠만 자는 숙소처럼 오가던 어느 날이었다. 그 당시 아들이 여덟 살이었는데, 깨어 있는 상태에서의 부자 상봉은 견우와 직녀가 만나는 것만큼이나 드문 일이었다. 아이와 관련한 이런저런 행사가 있어도 늘 바깥일을 우선으로 하던 때였기 때문이다.

"준호가 아빠랑 놀고 싶어 하잖아. 주말에도 그렇게 시간이 없어? 아이가 아빠와 같이 얼마나 놀고 싶어 하는데."

"내가 얼마나 바빠? 열심히 사업한다고 여기저기를 돌아다니는 걸 몰라?"

늘 그렇듯 나는 아내의 말을 잔소리 취급하며 대수롭지 않게 대꾸했다. 그런데 이번만큼은 아내의 반응이 사뭇 달랐다.

"준호의 여덟 살은 다시 돌아오지 않아."

5년, 10년 뒤의 행복한 삶을 위해 현재의 시간은 투자라고만 생각했던 나는 목덜미가 뻣뻣해지는 것을 느꼈다. 그동안 열심히 일했던 이유 중의 하나가 나중에 성공하면 가족에게 잘해 주려는 것 때문인데, 조금이라도 젊을 때 고생해야 나중에 편하다는 그 말을 철석같이 믿고 살았기 때문인데, 무언가가 크게 어긋나고 있었던 것이다.

아내의 원망 섞인 말을 듣고 난 후에야 비로소 나는 그동안 내가 큰 착각에 빠져 살았음을 깨닫게 됐다. 남자는, 아니 가장은 쉬지 않는 기계의 톱니바퀴처럼 살아야 한다는 잘못된 믿음으로 살아 왔었다는 것을 알게 된 것이다. 남자들끼리 모이면, 가정은 나중에 챙겨도 된다면서 일단 사업을 성공시키는 게 우선이라는 말을 종종 주고받았고 만나는 친구들이 모두 이렇게 말하니 맞는 말인 줄로만 알았다.

나중에 잘하면 된다는 생각은 '이 순간'의 소중함을 놓치게 한다. 미래의 행복을 위해 산다면서 정작 지금 이 순간의 소중함과 절실함을 깨닫지 못한다는 것은 어불성설에 불과하다.

'Present'라는 단어는 '선물'과 '현재'라는 두 가지의 뜻을 가지고 있다. 선물과 현재는 같은 의미인 셈이다. 현재는 우리에게 주어진 시간의 선물이다. 이 소중한 선물을 하찮게 여기고 흘려버린다면, 자연이 나에게 베푼 선물을 무시하는 것이다. 이렇게 소중한 선물을 무시하는 사람이 행복이란 의미를 깨달을 수 있을까? 하루하루의 소중함을 쉽게 잊어버리는 사람이 가정도, 일도, 인간관계도 소중하다는 것을 제대로 알 리가 없다. 오늘이 마지막일 수 있다는 절박함으로 매 순간 최선을 다하는 자세는 다시 돌아오지 않는 이 순간에 대한 예의인 것이다.

5년 뒤, 10년 뒤를 내다봐야 한다며 소중한 현재를 그냥 흘려보내서는 안 된다. 미래를 기약한답시고 포기해 버려야 하는 현재의 가치를 기회비용이라고 말할 수 없다. 여덟 살 아들이 마땅히 누려야 할 아버지와의 추억을 기회비용이라 할 수 없지 않은가.

아들의 여덟 살은 다시 돌아오지 않는다. 가만 생각해 보니 아이가 자라는 동안에 해 준 게 거의 없었다. 아등바등 살고 있는 동안 그저 내가 열심히 일하면 된다고 생각했을 따름이다. 하지만 아이가 원하는 것은 소박하게 얼굴을 맞대고 밥을 같이 먹고, 이런저런 이야기를 도란도란 나누는 것이었다.

평범한 일상일지 몰라도, 그 소소한 것들에 아이는 행복을 느낀다. 그런데 그 행복을 내가 빼앗은 것이나 마찬가지였다. 만약 내가 아들과의 관계도 다시 돌아오지 않을 마지막 순간이라고, 절벽 끝에 있다고 생각했더라면 함께하는 밥 한 끼의 소중함을 일찍 깨달았을 텐데 말이다.

내 아이, 내 아내가 있는 가정이 그 무엇보다 소중하다는 진리를 깨달았지만 변화하는 것은 쉽지 않았다. 불안정한 사업을 하는 입장이라 일 중심으로 움직일 때가 많았고, 내 몸이 마음과는 달리 급하게 움직이곤 했다. 그럴 때마다 아내가 던져준 말을 기억하며 바쁜 일상에 휩쓸리지 않고 가족의 곁에 나를 둘 수 있도록 최선을 다해 노력했다.

세월이 흘러 아들이 중학교 졸업식을 치르는 날이었다. 그런데 하필이면 그날 서울에 강의가 잡혀 있었다. 일찍부터 잡혀 있던 일정이었고, 이틀이나 걸리는 일이었다. 예전의 나였다면, 일과 관련한 스케줄이 우선이었으니 고민도 하지 않았을 것이다. 아내에게 아들의 졸업식을 맡기고 일을 하러 갔을 텐데, 이제는 내가 선택할 수 있게 됐다. 무엇이 더 중요한지를 생각해 보고 움직이는 것이다.

첫째 날인 월요일에 서울로 떠난 나는 일정을 약간 조정하여 일과를 마치고 다시 차를 몰아 대전으로 돌아왔다. 늦은 밤에 도착했더니 아들은 자고 있었다. 다음 날이 되어 아들과 함께 졸업식에 가려는데, 아들이 약간 어리둥절해했다. 하루 24시간이 부족한 듯 바삐 뛰어다니는 아빠가 자신의 졸업식에 같이 간다니 의아했나 보다.

"아빠, 오늘 안 바빠요?"

"네 졸업식인데 아무리 바빠도 참석해야지."

아들의 머리를 쓰다듬는데, 가슴 한구석이 아려왔다. 매번 엄마하고만 다니다가 아빠까지 함께하니 조금은 낯설었는지 엄마와 아빠의 얼굴을 번갈아 바라봤다. 하지만 내가 졸업식 내내 자리를 지키면서 사진도 찍고 밥도 같이 먹으니 차츰 행복한 표정으로 바뀌었다. 기대도 하지 않았던 아빠가 함께하니 졸업의 여운보다 가족의 행복을 더 느끼는 듯했다.

일정을 조정해서 참석한 졸업식은 평일인 탓에 일터에 나간 아빠가 오지 않은 아이들도 많았다. 그런 아이들을 바라보니 내가 다 미안했다. 그날 자리에 오지 못했던 아빠들 중에는 꼭 참석하고 싶었지만 상황이 여의치 않은 경우가 많았을 것이다. 비록 현실이 녹록치는 않아도 내가 사랑하는 사람들에게 충실하도록 노력해야겠다고 다시 한번 다짐했다.

그날 이후로 나는 가족과 관련한 일과 사업 일정이 겹치면 나 대신 다른 분으로 바꿔 달라고 요청한다. 돈만 따지자면 다른 사람에게 넘기는 게 아쉬울 수 있고, 가족들도 일이 바쁘니 좀 이해해 줬으면 하는 서운함을 느낄 수도 있겠다. 그러나 이제 매 순간이 소중하고 다시 돌아올 수 없는 시간이라는 것을 깨닫게 되니 아쉬움이나 서운함 따위는 생기지 않는다.

지나간 시간이나 다가올 미래는 결국 '현재'가 만들어 내는 것들이기에 현재의 행복을 담보로 하는 미래의 행복은 어불성설에 지나지 않는다. 그래서 가족과의 관계뿐만 아니라 내가 하는 일, 그리고 사람들과의 관계에서도 미래보다 현재에 충실하려고 노력하는 게 중요하다.

현재를 의식하고 생각하는 것은 학습으로 가능하다. 학습으로 조금씩 배워 나가는 것이다. 학습은 다름 아니라 '내가 이렇게 행동해야 하는구나.', '이런 생각을 놓지 않아야 하는구나.' 하고 생각하며 늘 스스로를 채찍질하는 것이다. 그래야 옳은 행동을 하게 된다.

사람들은 운전을 하면서 어떤 집이나 건물을 지나치는지 의식하지 않는다. 방금 지나친 집이 빨간색 지붕이었는지 파란색 지붕이었는지 기억도 못 하고 그냥 지나쳐 간다. 그냥 목적지만을 향해 무작정 정면만 바라보고 가는 것이다. 그런데 '오늘 파란색 지붕의 집이 어디 있는지 한번 볼까?' 하고 생각하면 그 지붕을 찾을 수 있다. 휴대 전화를 바꿔야겠다는 생각을 하고 걷다 보면 휴대 전화 가게가 그전보다 많이 보이지 않는가. 그 생각을 하지 않고 가면 휴대 전화 가게가 있는지도 기억하지 못하고 지나치게 된다. 성장하는 삶은 내가 지금 하는 행동과 생각을 매 순간 떠올리고 의식하는 것이 학습이고, 그 학습을 통해서 조금씩 조금씩 배워 가는 것이다.

___ 09
돈으로 살 수 있는
행복은 없다

　현재에 충실해야 한다는 말은 자칫 딴생각하지 말고 돈 벌 궁리만 하라는 뜻으로 들릴 수도 있다. 왜냐하면 눈에 띄게 경기가 좋지 않아서 많은 사람들이 취업난과 실업난이라는 이중고를 겪고 있기 때문이다. 당장 먹고살 일이 급한 마당에 다른 것을 신경 쓸 겨를이 없다고 생각하고 있는 것이다. 그래서일까? 이 사회가 오로지 돈을 좇는 인생을 강요하는 듯하다. 일단 돈을 왕창 벌어야 한다는 생각과 돈이 사람의 가치를 매긴다는 풍조에 쉽게 고개를 끄덕인다. 돈을 왜 벌어야 하는지를 생각하지 않으니 돈을 벌게 되어도 번 돈을 쉽게 쓰게 된다.

　돈을 벌면 공부도 하고, 먹고 싶은 것을 먹고, 사고 싶은 것을 살 수 있다. 그런데 공부가 하고 싶어서 돈을 벌어야겠다는 사람이 있고, 돈부터 벌고 난 뒤에 공부를 하든 먹고 싶은 것을 먹든 결정하겠다는 사람이 있다. 이 둘의 차이는 무엇일까? 아마도 간절한 목표 의식의 유무일 것이다.

자동차를 타고 목적지를 먼저 잡아야 가장 효율적이면서 효과적으로 목적지에 도달한다. 일단 가 보자는 식으로 운전만 한다면 갈팡질팡하며 시간과 기름을 낭비하게 된다. 마찬가지로 돈을 버는 것도 방향을 잡아야 한다. 그럼에도 일단 돈부터 벌자고 앞뒤 재보지 않은 채 불나방처럼 돈을 좇는다. 어디로 가야 할지 방향을 잡지 못한 채 돈만을 좇는 욕망의 노예가 되고 만다.

우리 회사가 사업을 통해서 세상을 긍정적이고 아름답게 변화시킨다는 사훈을 커다란 액자로 써 놓은 것도 방향을 잡기 위해서다. 사업을 통해 돈을 버는 이유가 무엇인지를 분명하게 밝힌 것이다. 그 덕분에 돈을 벌면 '고급 술집에 가서 진탕 마시고 놀아야지', '허세 좀 부려 보게 명품을 사야지' 하는 의미 없고 가치 없는 생각을 하지 않는다. 돈에 대한 교육이 조금만 이루어져도 자신의 전략에 따른 의미 있고 가치 있는 지출이 이루어지는 것이다.

이 세상 어디를 가더라도 돈으로 살 수 있는 행복이라는 상품은 없다. 분명 돈을 펑펑 쓰고 있는데 전혀 행복감을 느끼지 못하고 되레 공허함을 느낄 때가 있다. 행복해지려고 돈을 쓴 것도 같은데, 행복하기는커녕 허탈함과 아쉬움이 남을 때가 많다. 오로지 벌겠다는 생각만으로 돈벌이에 급급하다가 정작 어떻게 쓸지 몰라 헤매는 것이다.

돈을 왜 벌어야 하는지, 돈을 벌어서 어떻게 쓸 것인지 계속해서 자신에게 질문한다면 달라질 수 있다. 돈을 버는 이유와 자신이 죽기 전에 세상에 무엇을 남기고 싶은지 깊은 성찰이 필요하다. 세상을 좀 더 의미 있고 가치 있게 만드는 데 영향을 줄 수 있는 돈의 아름다움을 생각한다면 결코 의미 없는 곳에 돈을 쓸 수 없을 것이다. 영화 〈돈의 맛〉에서 재벌가의 윤 회장은 이렇게 말한다.

"돈 펑펑 썼지. 원 없이. 근데 그게 그렇게 모욕적이더라고."

말 그대로 돈을 곳간에 쌓아 둔 채 온갖 부귀영화를 누리던 회장님의 입에서 이런 말이 나올 줄이야 누가 알았을까. 그토록 원 없이 돈을 썼는데도 모욕적이었다는 이유는 무엇일까? 아마도 돈을 어떻게 벌고 쓸 것인지에 대한 구체적인 계획을 세우지 않았기 때문이었으리라.

마구 긁어모으고 펑펑 쓰는 것만 알았을 테다. 돈에 집착만 할 뿐, 어떻게 쓸지에 대해 창의적인 상상을 하지 못하니 헛되이 쓰는 게 많았을 것이다. 예컨대 유흥에 탕진한다거나 명품 집착에서 벗어나지 못하는 것처럼 말이다.

돈이 있으면 매우 편하고, 좋은 일을 많이 할 수 있다. 책을 사서 주위 사람에게 나누어 줄 수도 있고, 누군가에게 필요한 것을 제공할 수도 있다. 돈이 없으면 이런 좋은 생각들도 한낱 미몽에 그칠 뿐이다. 그런데 돈을 좋은 일에 쓴다고 해서 마냥 자선사업가처럼 살자는 말은 아니다. 어려운 이들에게 돈을 나누어 주는 것도 좋지만 자신과 타인이 함께 성장할 수 있도록 돈을 쓸 수 있다면 더 의미 있고 더 가치가 있는 일이 아닐까 싶다.

가장 기본적인 생활을 하기 위해서라도 돈은 꼭 벌어야 한다. 그리고 조금 더 높은 차원의 가치를 추구하거나 자아실현을 하기 위해서도 돈은 꼭 필요하다. 그러나 돈을 벌겠다는 생각에서 그치면, 생산적인 경제 활동이 될 수 없다. 즉 더 높은 가치를 생산하지 못한다. 하루 벌어 그날 쓰는 것처럼 무의미하다. 그래서 긍정적으로 돈을 쓸 수 있도록 생각까지 해 내는 게 중요하다.

언젠가 한 여론 조사를 보니, "만약 10억 원을 벌 수 있다면 교도소에 갈 수 있는가?"라는 질문에 고등학생 44%, 중학생 28%, 초등학생 12%가 그렇다고 대답해 상당한 충격을 받았다. 아마도 이들은 부모나 주위 사람들을 통해 돈의 서러움을 일찍 맛보았거나 돈의 위력을 알게 되었는지도 모른다. 그럼에도 아직은 어린 학생들이 이런 생각을 가지고 있다는 것이 슬픈 일이 아닐 수 없다. 게다가 이런 돈에 대한 막연한 갈망은 대학생이 되고 사회인이 되면서 현실적인 목마름이 된다. 미래에 대한 부푼 꿈은 등록금 대출 신청이라는 잔인한 현실로 인해 산산이 부서지고 만다. 어쩌면 이런 현실 때문에 미래가 없는 돈 벌기와 쓰기에 그치는 것일 수도 있다.

좋은 일에 돈을 쓰겠다고 생각한 사람은 나쁜 방법으로 돈을 벌지 않는다. 좋을 일을 하려고 돈을 버는데 굳이 나쁘게 돈을 벌 이유가 없다. 너무나 당연한 이 말을 미처 생각하지 못하는 게 이상하다. 그러나 현실은 상식을 배반하기 일쑤인가 보다. 좋은 일을 하는 것도 일단 돈을 많이 번 뒤에나 생각해 볼 문제라고 말한다. 목적이 아니라 나중에나 고려해 볼 여러 가지 선택 사항 중의 하나라는 것이다. 그러니 10억 원을 벌기 위해서는 교도소에 가는 것도 마다하지 않겠다고 하는 현상이 별스런 일도 아닌 것이 돼 버린다.

돈에 대한 교육을 제대로 받지 못하면 갑자기 20대가 되어 돈이 필요할 때, 정작 돈의 가치나 사용 목적에 대해서 깊이 생각할 겨를이 없다. 어릴 때만 해도 돈은 쓸 만큼만 있으면 됐다. 또 쓸 만큼이라고 해도 그다지 용도가 많지도 않았다. 그래서 부모님이 주시는 용돈으로 어느 정도 해결이 됐다. 돈에 대한 교육은 그저 아껴 쓰라고 하는 게 전부였다.

더군다나 예전이나 지금도 돈 많은 사람들에 대해 그다지 좋지 않은 인식이 있었다. 우리 사회의 분위기가 돈 많은 사람은 탐욕스럽고 뭔가 올바르지 못한 방법으로 재산을 긁어모은 것이라는 편견이 만연한 적이 있었다. 요즘도 부와 부자에 대해 이중적인 반응을 보이기는 한다. 부러운 동경의 대상이면서도 혹시라도 부정한 방법으로 부를 축적한 것은 아닌지 까칠한 시선으로 바라본다. 아이들도 자라면서 자연스레 어른들의 부에 대한 부정적인 생각을 고스란히 이어받았으니 딱히 좋게 생각할 이유가 없었다. 그러다가 사회에 발을 내딛는 순간, 돈이 없으면 아무것도 할 수 없다는 사실에 망치로 머리를 맞는 듯한 충격을 받는 것이다.

어릴 적부터 조금씩 돈에 대한 교육을 받았더라면 머리를 망치로 맞을 이유가 없다. 요즘에는 아이들도 경제 교육을 받는다니 다행이다. 지금 청년들도 이런 교육을 미리 받았더라면 돈을 그저 지갑에서 꺼내 물건 살 때나 살펴보는 게 아니라는 것을 알게 됐을 텐데 말이다.

어릴 때부터 부모님께 받은 경제 개념 교육을 통해 올바른 가치관을 가지고 있다면 굳이 10억 원을 벌겠다고 교도소에 가겠다는 말을 하지 않을 것이다. 돈이 많아서 그럴 필요가 없다기보다 어릴 때부터 부모님께 받은 경제 개념 교육을 통해 나름 올바른 가치관을 가지고 있기 때문이다. 돈의 개념이나 필요성에 대해 미리 인지하고 준비한 사람은 갑작스런 돈의 활용에도 대비가 되어 있어서 충격을 덜 받는다.

합리적인 경제 활동으로 경제적인 성공을 거둔 부모들 중에는 평생학습을 하고 있는 사람들이 적지 않다. 일상에서 스스로 끊임없이 자기 계발을 한다. 돈에 대한 개념이나 가치관을 계속 업데이트하는 것이다. 그리고 그 지식을 자녀들에게도 전수한다. 돈에 집착하지 않고 하고 싶은 일에 최선을 다하며, 돈을 벌어서 스스로의 미래에 잘 투자할 수 있도록 권면한다. 비록 우리가 엄청난 경제적인 성공을 거두지 못했다 하더라도 자녀들에게 바람직한 가치관을 심어 주는 것은 부모로서 마땅히 지켜야 할 본분이 아닐까.

모든 사람들이 태어날 때부터 금수저를 물고 세상에 나오는 것은 아니다. 경제적인 여유가 있는 부모를 두지 못해서 돈에 벌벌 떠는 현실에 직면하게 되었다고 탓할 수도 없는 것이다. 나 역시 농사를 지으며 겨우 식구들 입에 풀칠하는 집에서 태어났다. 선택의 여유보다 생존의 본능에 몰두해야 하는 요즘 세대도 잘 알고 있다. 그럼에도 사람들이 당장 돈을 버는 행위, 돈을 무작정 많이 벌어야 한다는 강박 관념에서 벗어났으면 한다. 이런 강박 관념이 지나칠수록 미래에 대한 고민이나 설계의 몫은 줄어든다. 현재의 돈에, 물질에 집착하는 것은 미래의 포기라는 기회비용을 치르는 셈이다. 이 얼마나 안타까운가 먼저 생각해야 한다.

왜 돈을 벌고 싶은지, 어떻게 벌고 싶은지, 돈을 벌어 세상에 무엇을 남기고 싶은지를!

10 ___
조언을 그대로
믿어서는 안 된다

"돈은 어떻게 벌어야 하나요?"

한 대학생이 나를 찾아와 땅이 꺼져라 깊은 한숨을 내쉬며 묻는다. 대학 등록금 대출금을 갚는 것도 빠듯한데, 생활비와 집세까지 첩첩산중이란다. 새싹이 돋기도 전에 세파에 찌든 얼굴로 돈 버는 방법을 묻는다.

힘들다고 찾아와 하소연하는 사람을 보면, 누구라도 도움이 되는 말을 하고 싶을 것이다. 그런데 인생 선배에게, 또 부모에게 이런저런 조언을 받는 게 사막에서 단비를 만난 듯 좋은 일이라고만 할 수는 없다. 이런 조언은 다소 마음의 위안을 삼을 수는 있을지언정 냉철한 현실의 극복 방법이 될 수는 없다. 조언을 그대로 믿는 것은 너무나 순진한 게 아닐까?

예로부터 어려움에 닥쳤을 때는 타인의 충고를 믿어서는 안 된다고 했다. 너무 부정적으로 인간관계를 바라보는 게 아니냐고 할 수 있겠지만, 어쩌면 가장 현실적이자 냉철한 이야기라고 할 수 있다.

사람들은 저마다 타인의 문제나 고민에 대해 이런저런 조언을 쏟아낸다. 아주 은밀하고 값진 연금술의 비밀을 털어놓듯이 생색을 내면서 말이다. 그러나 그들이 정말 문제 혹은 어려움을 해결하는 방법을 정확히 알고 있다고 볼 수는 없다.

내가 들었던 비결이 아주 그럴듯하다고 생각되면, 정작 그 조언을 건넨 사람의 형편을 살펴볼 필요가 있다. 정확한 방법을 알고 있다고 하는 그 사람이 과연 나에게 조언을 할 정도의 수준인지 생각해 보자는 것이다. 그 정도의 수준이라면 벌써 그 사람의 상황부터 많이 다르지 않을까? 또한 나와 가까운 사이이고, 또 능력자라면 내가 큰 위기에 빠질 때까지 수수방관하지는 않았을 테다.

만약 좋지 못한 상황에서 쉽사리 빠져나오지 못하고 있다면, 주위에서 건네는 조언에 대해서 심사숙고해 보는 게 좋다. 자칫 돌팔이 처방에 불과한 조언이었을 수도 있기 때문이다. 만약 얼토당토않은 조언이었다면, 이런 조언을 해 주는 사람은 돌팔이가 맞다. 이런 조언을 하는 사람에게 자신의 처지를 맡긴다는 것은, 자신의 성장 수준도 딱 거기까지만 보겠다는 의미와 다를 게 없다. 친구나 주위에 있는 사람에 따라 내 위치가 보인다는 말이 괜히 나오는 게 아니다.

돌팔이 조언의 수준만큼 성장하겠다는 것이니 문제 해결은커녕 매듭이 갈수록 꼬이기만 한다.

　돈을 쉽고 빨리 벌 수 있는 방법이라며 달콤한 조언을 아무렇지 않게 건네는 선배나 친구들이 과연 10억 원, 100억 원을 자신이 스스로 모은 사람들일까? 또 고민 해결보다 그저 단념하라는 식으로 이래저래 안 되는 이유를 늘어놓는 사람들은 어떤가? 단지 실패의 쓰라린 아픔만을 강조하면서 일찌감치 무기력하게 포기하는 버릇을 심어 주는 것은 아닐까? 실패로부터 배우는 성공 따위 언급도 하지 않은 채 괜한 고생하지 말라고 소주 한잔을 건네는 게 전부이지 않은가.

　그동안 가족이라는 이유로, 나이가 많다는 이유로 그냥 받아들였던 조언도 곰곰이 생각해 봐야 한다. 나를 찾아온 청년들이 가장 많이 하는 말이 있다.

　"그래도 우리 형이 그렇게 이야기했고요. 아버지도……."

　형과 아버지의 이야기이니 바이블만큼이나 절대적인 진리라는 것이다. 하지만 말하는 표정이 영 개운치가 않다. 절대 진리인 양 이야기를 해 놓고도 스스로 확신을 가지지 못하는 듯했다. 사실 조언을 하는 사람들도 자신이 한 조언대로 살아 보지 못한 경우가 많다. 떼돈을 벌지도 못했고, 쓰라린 실패를 극복하지도 못했다. 이런 조언을 떨쳐 낼 수만 있어도 다행이다. 그때부터 스스로 자신의 길을 만들어 나가는 것이다. 그러면 치열한 경쟁 속에서 살아남는 방법을 찾을 것이다.

　내가 어려울 때 어깨를 두드려 주며 조언을 해 주는 것이 심정적으로는 고맙다. 그러나 근거 없는 자신감으로 가득 찬 달콤한 조언을 늘어놓거나, 또는 늘 부정적이고 어렵다는 이야기를 하는 사람들의 조언은 과감히 무시해도 좋다. 이런 조언을 하는 사람이 과연 그럴 만한 위치나 상황인지를 냉철하게 판단해야 한다. 설령 부모님이라고 해도 말이다.

부모님의 말씀까지 냉철하게 판단하라고 하니 패륜적이지 않느냐고 생각할지도 모르겠다. 부모님의 걱정과 사랑에 대해서는 당연히 감사하게 받아들여야 한다. 무한한 사랑을 베푸는 것에 대해 선을 그으라는 것이 아니다. 다만, 사랑과 별개로 조언을 냉철하게 판단해 보자는 것이다. 패륜적인 발상이 아니라 냉정하게 자신의 상황과 수준을 파악하라는 뜻이다.

성공을 했든 치열하게 실패를 겪었든 간에 자신의 경험에서 우러나온 것이라면 그나마 값어치가 있을 테다. 하지만 대개는 어디선가 들은 이야기를 두서없이 전달하는 것에 그친다. 그래서 실제 저자의 경험에서 우러나온 이야기를 담은 책을 보거나 강의를 듣는 게 훨씬 낫다. 독서, 강의, 대인 관계 등을 통해 자신이 직접 발견하겠다는 의지만 가져도 목표에 도달할 확률은 훨씬 높아진다. 돈을 벌겠다는 목표뿐만 아니라 업무, 공부 등 자신이 생각했던 목표에 다가서는 길의 안내자는 깨어난 자신인 것이다.

자기 판단이 없으니 딱히 자신을 변화시킬 행동도 취하지 못한다. 어정쩡한 상태로 있다가 그저 귀에 솔깃한 조언에 이끌려 이리저리 움직일 뿐이다. 그저 다른 사람의 의견에 묻어가는 것이다.

내 생각을 견지하면서 다른 이의 조언은 참고만 한다면, 아무리 힘들고 어려운 여정이라 하더라도 재미를 느낄 수 있다. 내가 판단하고 선택한 것이니 고생마저 기꺼이 받아들인다. 가령, 서비스 업종의 창업을 꿈꾸고 있는 사람이 패스트푸드점이나 커피숍, 편의점 등에서 아르바이트를 하다가 부당한 대우를 받아 이에 대해서 따지는 경험을 했다고 하자. 이때의 경험을 부당한 대우에 대한 나쁜 기억으로 묻어 버리면, 시간만 버리는 꼴이 되고 만다. 스스로 포기하는 꼴이다. 이런 경험은 나중에 창업할 때 활용할 수 있는 실전 노하우라는 든든한 자산으로 활용해야 하는 것이다.

삶의 경험이 녹아 있는 어른들의 조언은 어쩌면 지혜라고 할 수 있다. 산전수전 다 겪은 어른들의 조언이니 마냥 무시하기도 힘들고 때로는 장강보다 더 깊고 넓어 보이는 삶의 경륜이 엿보인다. 그래서 꿈을 말하고, 하고 싶은 일을 좇는 젊은 사람들에게 허튼짓을 하지 말라고 꾸짖기도 한다. 당장 먹고살 일이 급하다고, 나이 스물이 넘었으면 스스로 경제적 자립을 할 줄 알아야 어른이 된다고 말이다. 틀린 말은 아니다. 가뜩이나 경기도 안 좋은 마당에 돈을 벌겠다는 생각을 하지 않는 것은 지나치게 낙관적이거나 비현실적인 몽상에 취한 것일 수도 있다.

꿈이나 자기가 하고 싶은 일을 좇는 것도 어느 정도 돈이 마련되어야 가능하다. 그렇지만 많은 이들이 무턱대고 돈을 벌라고만 하지, 왜 돈을 벌어야 하는지 어떻게 벌고 써야 할지에 대해서는 별 말이 없다. 도둑질이나 사기만 치지 말라고 할 뿐이다. 게다가 은근히 돈이 많아야 풍족한 삶을 살 수 있다는 이야기를 늘어놓기도 한다. 그래서 묻고 싶다. 그런 말을 듣고 가슴이 뛰는가?

— 11
실패가 없다면
성공도 없다

나무에 옹이가 없다면 죽음을 뜻하는 것이다. 옹이는 나무가 자라면서 가지가 뻗어 나올 때 생긴다. 즉 나무가 성장을 하려면 생길 수밖에 없는 게 옹이이다. 그런데 이 옹이가 없다는 것은 더 이상 자라지 않는다는, 성장이 멈춰 버린 죽은 상태라는 것이다.

원목 가구는 옹이가 없을수록 비싸다. 나무가 자랄수록 옹이가 생길 테니 옹이가 없는 부위는 나무의 아래쪽에 해당되는데, 그 부위가 그리 크지 않기 때문이다. 그렇다면 옹이가 없을수록 나무 자체의 가치는 큰 것일까? 그렇지 않다. 옹이가 없거나 적다면, 그 나무는 제대로 성장하지 못한 나무이니 고급 원목의 재료로 쓰일 만한 가치가 없다는 뜻이 된다.

옹이는 자연의 거친 환경을 버티고 살아남아야 생겨난다. 옹이가 많은 것은 그만큼 나무가 여러 해 동안 사계절의 변화무쌍한 환경에도 굴하지 않고 잘 버티고 성장했다는 것을 의미한다. 사람도 나무와 다르지 않다. 찬바람에도 아랑곳하지 않고, 따가운 햇볕에도 눈을 감지 않는 담대함으로 그 순간을 이겨 낼 때, 비로소 옹이처럼 성장의 터닝 포인트를 맞이한다.

생각만 해도 울화통이 터지고, 눈살이 찌푸려지는 사건은 또 다른 동기 부여가 될 수 있다. 누군가 나를 배신했다거나 이용하고 사기를 쳤다는 것은 성장의 옹이가 생겨나는 순간이다. 아직까지 이런 옹이가 생겨나지 않았다면, 미숙한 성장이니 언젠가 큰 위기가 닥칠 것이다. 그러니 아프더라도 성장을 위한 옹이가 생기는 시기는 빠르면 빠를수록 좋다.

내가 가지고 있는 게 1,000만 원이 전부라면, 1,000만 원만 잃는 사기를 겪는다. 그러나 10억 원이 있으면, 그 10억 원을 노리는 사람에게 당하기 마련이다. 하지만 사람들은 '그런 끔찍한 일'이 내게는 일어나지 않을 것이라 철석같이 믿으며 산다. 아직 순수한 것이다. 그래서인지 내가 이런 이야기를 하면 대부분의 반응은 '황당하다', '어이가 없다', '말도 안 된다'이다.

"나는 다른 사람들에게 이용당한 적이 없어."

자신은 쉽게 속거나 당하지 않는다고 단호하게 말한다. 하지만 어이없는 사기를 당한 후에 가장 많이 하는 말이 있다.

"내가 이렇게 어이없이 당할 줄은 몰랐어."

"뉴스에나 나오는 일이 내게 벌어질 줄이야!"

요즘 스미싱 문자나 전화사기에 당하는 사람들을 보면, 세상 물정을 잘 모르는 노인들만 피해를 입는 것이 아니다. 스미싱 사기 이야기를 들을 때마다 코웃음을 쳤던 젊은 사람, 엘리트들도 종종 피해자가 되어 하소연을 쏟아 낸다. 내가 아는 교수님도 얼마 전에 당했다.

가랑비에 옷이 다 젖듯이 크게 한 번 당하는 것 말고도 알게 모르게 이용당하거나 위기를 겪는 경우도 많다. 쉽게 다른 사람들에게 이용당하지 않는다면서도 친구들이 돈을 빌려 달라면 선뜻 빌려준다.

10만 원, 20만 원씩 개의치 않고 흔쾌히 빌려주는 것이다. 그다지 큰돈이 아니라서 줄 때마다 부담을 느끼지 못한다. 그런데 어느덧 빌려간 돈이 10만 원, 20만 원이 차츰 쌓여 100만 원, 1,000만 원이 된다. 그렇게 쌓이는데도 빌려 간 친구가 나 몰라라 하며 돈을 갚지 않는 때가 되어서야 앞으로 친구에게 돈을 빌려주지 않겠다고 결심한다. 결국, 돈도 잃고 친구도 잃는 것이다.

친구에게 사기를 쳐서라도 돈을 얻어야 할 분명한 이유가 있는 사람들은 웬만해서는 포기하지 않는다. 평판이나 체면을 내려놓고 덤비는 사람을 이겨 낼 이는 그다지 많지 않다. 더군다나 삶의 옹이 없이 순탄하게만 살아온 사람일수록 그들에게 당할 확률이 높다.

돈을 떼어먹으려는 사람은 남의 돈을 가져가면서도 당당하다. 돈이 필요하니 좀 빌려 달라, 반드시 갚겠다는 상식적인 멘트는 이들의 머릿속엔 없다.

"100만 원 정도 투자해 보는 게 어때? 이번에 투자하면 두세 배는 너끈히 벌어. 일단 30만 원 선이자 줄게. 어때?"

가뜩이나 은행 이자는 바닥을 치고 있고, 마침 통장에는 돈이 있다. 그렇다면 이런 제안이 아주 솔깃하게 들릴 것이다. 큰 액수의 돈을 투자한다면 한순간에 한 달 월급이 생길 수도 있다. 그러다가 액수는 점점 더 커져 간다.

이번엔 땅이다. 급매물이 나와서 사야 하는데 마침 현금이 부족하다면서 빌려 달란다. 까짓것 금리도 바닥인데 통장에 썩혀 두느니 손 안 대고 코를 풀겠다고 또 한 번 빌려준다.

조금씩 새어 나가는 돈은 자신이 가진 돈의 대부분이 빠져나갈 때까지 멈추지 않는다. 드디어 바닥을 내보인 통장을 보고 나서야 절대로 빌려주지 않겠다고 굳은 결심을 한다. 친구가 아니라 가족이라 해도 피 같은 내 돈을 내놓지 않겠다고 말이다.

돈도 잃고 친구나 가족을 잃은 기분은 말로 설명할 수 없을 만큼 아프고 쓰라리다. 나는 이런 일을 당하지 않겠거니 하고 생각하지만, 현실은 늘 이런 기대를 배반하기 일쑤라서 언젠가는 믿음에 대한 배신 때문에 치를 떨 때가 온다. 그러나 이런 일을 두려워만 할 게 아니고, 또 당했다고 해서 좌절감만을 토로하지 않았으면 한다.

이 모든 아픔과 상처가 성장을 위한 옹이가 될 테니 말이다.

고통이나 위기를 겪지 않고 인생을 살 수만 있다면 얼마나 좋을까. 그러나 우리가 살면서 아무 고통 없이 살 수만은 없다. 인간은 고통을 이해하면서 육체가 일시적인 존재에 불과하다는 것을 깨닫게 되는 것이다. 만일 아무런 고통도 없고 실패도 없다면 당연히 성취 뒤에 오는 기쁨이나 행복, 성공을 비교할 데가 없을 것이다. 따라서 고통은 인간이라서 겪어야 하는 과정이다. 고통과 위기, 또는 실패를 내 안의 옹이로 삼아 한 뼘 더 성장하기를 바란다.

12 ___
거절은 관계의
새로운 시작이다

　내 선택의 의지로 일을 시작한 순간부터 한동안 이렇다 할 어려움을 겪지 않았다. 스무 살 무렵에 과외로 웬만한 직장인보다 더 많이 돈을 벌었고, 고향에 내려와 손을 대는 것마다 두 배, 세 배 성공했으니 주위에 사람들도 많이 모였다. 아무것도 가진 게 없다가 갑자기 가진 게 많아졌으니 나누기도 많이 나누었다.

　좁은 바닥인 데다 나름 일찍 돈을 번 자수성가 사업가였던 탓에 일자리나 돈을 융통해 달라는 부탁은 하루가 멀다 하고 들어왔다.

　"저기, 이번에 어떻게 좀 안 될까?"

　"알겠습니다. 걱정하지 마세요."

　그때마다 딱히 거절할 이유를 찾지 못한 터라 웃는 얼굴로 매번 부탁을 들어주곤 했다. 제아무리 돈을 많이 벌었다고 해도 당시의 나는 20대의 햇병아리에 불과했다. 무리한 부탁, 혹은 나중에 부메랑으로 피해를 끼칠 수 있는 부탁이라곤 생각지도 않았다. 게다가 투자나 사업 기회를 가장한 부탁은 더욱 거절할 수 없었다. 계속 승승장구하는 중이었으니 그저 기회로만 여겼을 뿐이다.

인쇄소 사장의 사기에 속아서 내 가치가 고작 이 정도밖에 되지 않는지 뼈저리게 느꼈던 것도 제대로 거절하는 방법을 알지 못했던 탓이 크다. 또 내가 아니라 내가 가진 돈을 보고 모여든 사람들이 불나방에 지나지 않는다는 것을 알게 된 것도 거절을 할 줄 몰라 일어난 일이다. 내 주위의 사람들은 원래부터 불나방이 아니었을지도 모른다. 어쩌면 내 행동과 생각이 그들을 돈을 좇는 불나방으로 만들었던 게 아닌가 싶다.

사회에 첫발을 내딛은 사람들은 부탁을 제대로 거절하지 못하거나 이용당하는 것에 매우 취약하다. 미처 겪어 보지 못한 인간관계라서 쓰라린 배신과 사기의 상처에 힘들어한다. 돈을 주고받지 않아도 믿음에 대한 배반으로 눈물을 흘린다. 누가 공부를 시켜 주는 것도 아니고, 지혜를 가르쳐 주는 것도 아니니 안타까울 따름이다.

위기를 겪거나 사기를 당하는 것도 알고 보면 결국 사람 때문이다. 사람과 사람 사이에서는 속고 속이는 일이 생기고, 어려운 상황도 벌어지기 마련이다. 그리고 어려운 상황이나 위기는 대체로 자신이 감당하기 힘든 요구를 무리하게 받아들였을 때 발생한다. 간장 종지만 한 그릇인데, 도저히 담을 수 없는 것을 담으려고 하니 쏟아지고 깨질 수밖에 없다. 따라서 받아들일 수 없는 요구는 거절할 줄 알아야 한다. 적당히 넘치는 정도는 괜찮다. 자신의 그릇을 키울 수 있는 속도와 시간을 조절할 수 있으니 말이다. 하지만 감당하지 못할 만큼 마구 쏟아 부어야 하는 것을 받아들이는 것은 스스로 통제할 수 없어 낭패를 겪게 된다.

인간관계에서 상대방의 요구를 받아들이는 행위를 배려라고 생각할 때가 많다. 그러나 괜히 배려를 한답시고 감당하지 못할 요구를 받아들이는 것은 위기를 초래하는 악수를 두는 꼴이다. 만약 어떤 친구가 도움을 부탁했는데, 그 부탁이 감당하기가 힘든데도 거절하지 못하는 것은 진정 둘 사이의 우정을 위태롭게 만드는 것이다.

중국 속담에 "한 번 약속을 어기는 것보다 백 번 거절을 해서 기분을 나쁘게 하는 게 낫다."라는 말이 있다. 친구와의 우정을 지속시킬 수 있는 중요한 약속, 예컨대 도원결의처럼 소중한 약속은 어떻게든 지켜야 한다. 하지만 약속이 부담스러우면, 차라리 상대의 기분이 상하더라도 거절하는 게 낫다.

"거절하면 상대가 서운해하잖아요."

많은 사람들이 거절을 잘 하지 못하는 이유가 상대가 서운해할까 봐, 그래서 혹시라도 자신을 싫어하게 될까 염려해서다. 그러나 내 경험에 비추어 본다면, 나의 거절로 인해 서운해하고 나를 싫어할 사람이라면 하루라도 빨리 정리하는 것이 옳다.

사람은 인간관계에서 자신의 이익에 따른 관점에서 상대방을 바라본다. 특히 뭔가 도움을 요청할 때도 미안하다는 말과는 달리 속으로는 '내가 너에게 어떻게 했는데!'라고 생각한다. 도와 달라는 것은 자신의 처지가 아쉽다는 것이다. 그런데 도와주지 않는 것에 대한 원망이 더 크다. 도와주지 못하는 친구의 사정 따위엔 관심도 없는 것이다. 이런 친구를 죽을 때까지 신경 쓴다는 게 얼마나 낭비이고 손해이겠는가.

자신에게 필요한 것을 내주지 않는다며 냉랭하게 구는 친구라면 그 관계를 하루라도 빨리 정리하는 게 오히려 낫다. 많은 사람들이 인간관계를 산술로 따지는 계산으로 바라본다. 내가 이만큼 줬으니 상대방 역시 적어도 똑같이 줘야 한다는 생각이다. 'Give & Take'라는 말을 아무렇지 않게 할 만큼 산술적인 관계로 생각한다. 그래서 사람은 자신이 잃은 것으로 서로의 관계를 따진다.

매번 만날 때마다 기브 앤 테이크를 생각한다는 게 얼마나 피곤한 일인가. 괜히 친구 또는 주위의 눈을 의식해서 이런 관계를 끌고 가는 것은 아무리 생각해 봐도 인생에 도움이 안 된다. 그래서 거절을 해 봐야 한다.

나는 사기를 당하고 사람들로부터 배신을 당한 후에야 거절의 지혜를 배울 수 있었다. 상당히 비싼 수업료를 치른 셈이다.

내가 대학생들을 대상으로 강연을 나갈 때, 이런 이야기를 하면 대부분의 반응이 상당히 부정적이다.

"아니, 어떻게 인간관계, 친구 관계를 돈으로만 생각할 수 있습니까?"

나를 보는 눈빛이 그다지 곱지 않다. 그러나 현실에는 돈 관계 때문에 우정이 곤경에 처하는 경우가 너무나 많다. 나는 학생들의 반문에 다시 질문을 던진다.

"매번 이런저런 핑계로 1만 원, 2만 원을 빌려 가면서 갚을 생각이 전혀 없는 친구가 있다면 여러분은 그 친구와 어떻게 지낼 것 같아요?"

학생들은 선뜻 대답하지 못한다. 대부분 그런 친구는 신뢰할 수 없다고 몇 번이나 생각했을 테다. 실제로 그렇지 않느냐고 물어보면 모두가 고개를 끄덕인다. 애써 자신이 좋은 사람인 것처럼 보이려고 착한 척하는 가면을 쓰는 것만 배운 것이다.

돈거래는 인간관계의 상당 부분을 차지한다. 하다못해 커피 자판기에서 커피를 뽑아 먹으려고 빌리는 몇백 원마저도 주고받는 산술적 인간관계에 포함된다. 단돈 몇백 원이 쌓이고 쌓이면, 섭섭함의 크기가 커지고 너와 나 사이의 틈을 비집고 들어가 결국 묵직한 바위 덩어리를 만들어 놓고 만다. 돈거래가 상대를 도와주고 배려하는 것이라고 생각한다면 차라리 감당할 수 있을 만큼의 돈을 주고 아예 받을 생각을 하지 않는 게 서로의 관계에 도움이 된다.

이상하게도 부탁을 받는 쪽보다 부탁을 하는 쪽이 더 당당할 때가 있다. 부탁을 거절하려 해도 마치 '을'이 된 것인 양 쩔쩔 매는 경우를 종종 볼 수 있다. 적반하장이 아닌가 할 정도로 서로의 입장이 뒤바뀔 때가 있다. 그렇다고 해서 친구 사이에 돈을 주고받는 관계를 갑을 관계로 만들어서 갑 노릇을 하자는 것은 아니다. 그저 관계의 본질에 대해 한 번쯤은 짚고 넘어가자는 것이다.

똑같이 100만 원을 써야 한다면 누구에게 쓰고 싶을까? 당연히 가장 사랑하는 사람이다. 그런데 사랑하지도 않는 친구가 돈을 빌려주지 않는다며 구시렁댄다고 해서 마음이 불편하다는 건 왠지 비논리적이지 않은가? 그런 친구에게는 마음을 졸이지 말고 차라리 "그럼 너도 내가 가장 사랑하는 사람의 단계까지 올라와."라고 말해보면 어떨까? 친구가 나를 그만큼 신경 쓰지 않았고, 나도 그 정도로 생각하지 않는 관계이니 스트레스를 받을 이유가 없다.

내가 신경을 써야 하는 것은 가장 사랑하는 사람들이다. 서로 무슨 이야기를 해도 긍정적인 피드백을 주고받을 수 있는 사람들이다. 이런 사람들에게는 돈을 얼마든지 써도 아깝지가 않다. 그런데 왠지 모르게 돈을 쓰기가, 뭔가 도움을 주기가 꺼려지는 친구는 사랑하는 사람이 아닌 것이다. 그렇다면 이 사람을 잃을까 봐 염려하지 않아도 된다. 이 친구도 나를 그다지 사랑하지 않으니 투덜대고 구시렁거리는 것이니 말이다.

사랑하지도 않는 친구에 대해 쓸데없이 고민하고 시간과 관심을 낭비하는 것은 아주 값비싼 대가를 치를 수 있다. 다름 아니라 내가 정말로 사랑하는 사람에게 기울일 관심과 노력이 그만큼 줄어들기 때문이다. 돈 문제만 해도 엉뚱한 곳에 빌려주고 쓰다가 정작 가장 사랑하는 사람이 필요할 때는 줄 돈이 없어 마음이 아파지는 수도 있다.

위기나 어려움, 갈등 등은 결국 사람과의 문제라서 무인도에서 살지 않는 한 '하필이면 왜 이런 일이 생기는 거야!'라고 끙끙 앓는 일이 심심찮게 일어난다. 그때마다 문제가 일어난 상황에 대해 인상을 찌푸릴 게 아니라 풀어 가는 과정에 집중해야 한다. 거절을 할 것인지, 말 것인지를 냉정하게 판단해야 하며 그 판단의 기준은 나와의 관계 정도이다. 물론 사람과의 관계가 어떻게 무 자르듯 분명할 수 있겠느냐며 못마땅할 수도 있다. 하지만 거절은 관계의 단절이 아니라 소중한 관계를 보호하는 지혜로운 행위임을 안다면 잘 거절하는 방법도 익혀 둘 필요가 있다. 거절할 수 있는 사람이 용기 있는 사람이다. 거절은 관계의 새로운 시작이다.

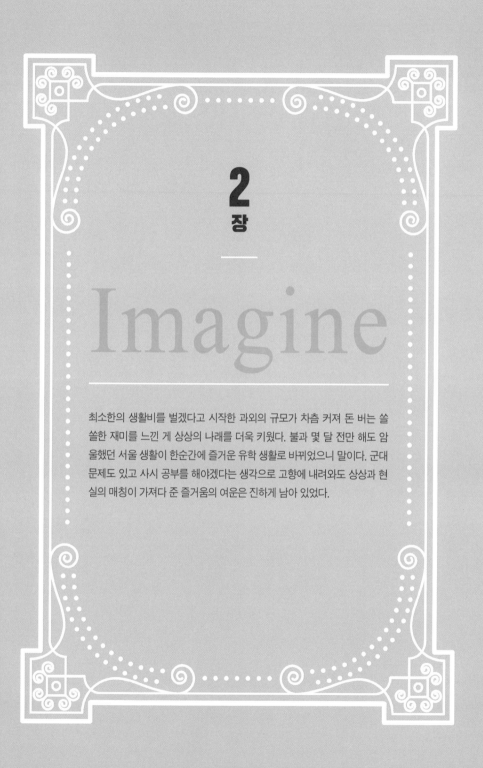

2
장

Imagine

최소한의 생활비를 벌겠다고 시작한 과외의 규모가 차츰 커져 돈 버는 쏠쏠한 재미를 느낀 게 상상의 나래를 더욱 키웠다. 불과 몇 달 전만 해도 암울했던 서울 생활이 한순간에 즐거운 유학 생활로 바뀌었으니 말이다. 군대 문제도 있고 사시 공부를 해야겠다는 생각으로 고향에 내려와도 상상과 현실의 매칭이 가져다 준 즐거움의 여운은 진하게 남아 있었다.

Want
Imagine
Learn
Declare
Share

Imagine

상상은 즐겁다. 더군다나 성공한 경험을 가지고 다시 미래를 상상하는 것은 짜릿하다. 상상이 현실로 이루어진다는 믿음이 증명됐으니 저절로 신이 난다. 아인슈타인이 "당신이 상상하고 있는 것은 당신이 살게 될 멋진 인생을 보여 주는 영화의 예고편"이라고 하지 않았던가.

최소한의 생활비를 벌겠다고 시작한 과외의 규모가 차츰 커져 돈 버는 쏠쏠한 재미를 느낀 게 상상의 나래를 더욱 키웠다. 불과 몇 달 전만 해도 암울했던 서울 생활이 한순간에 즐거운 유학 생활로 바뀌었으니 말이다. 군대 문제도 있고 사시 공부를 해야겠다는 생각으로 고향에 내려와도 상상과 현실의 매칭이 가져다 준 즐거움의 여운은 진하게 남아 있었다.

복잡한 서울을 떠나 한적하다 못해 적막한 시골 고향집의 방에서 공부를 하고 있으니 좀이 쑤셨다. 아마 마음은 콩밭에 가 있었던 게 아닌가 싶다. 과외를 하면서 느꼈던 재미도 있었고, 벌어 놓은 돈을 까먹기만 한다는 게 왠지 마음에 들지 않기도 했다. 그래서 밖으로 나가 자그마한 가게를 차려 낮에는 공부를 하고 밤에는 장사를 하기로 마음먹었다.

주경야독이 아닌 주독야경을 하려고 저녁 장사인 호프집을 차렸다. 호프집은 그 특성상 저녁 무렵부터 손님이 오지만 나는 오전 일찍 문을 열었다. 가게 청소도 하고 손님이 없는 오전 시간을 활용해서 고시 공부도 해 볼 요량이었다.

한가한 오전에 가게를 청소한 뒤에 책을 펼쳐 드니 그런 대로 공부가 됐다. 며칠을 그렇게 공부했는데, 어느 날부터 오전 9시 30분에서 10시쯤 사이에 손님이 들었다.

'이 시간에 호프집에 왜 오지?' 하고 생각했다.

오전 해장술을 하러 온 것도 아닌 듯한데, 아침부터 호프집을 찾는 손님이 차츰 늘어났다. 알고 보니 영업 사원들이었다. 오전부터 영업과 수금을 하러 다니다가 잠시 쉴 곳을 찾은 것이다. 마침 호프집이 외진 곳에 있었던 터라 시간 때우기에 적당했다고 여겼던 모양이다.

"좀 쉬다 갈게요."

나는 잠시 쉬거나 놀다 가겠다는 말에 그러라고 하고 책을 펼쳤다. 어차피 아침부터 술장사를 할 수도 없었고, 내가 공부하려고 오전부터 문을 열어 놓았으니 별 상관은 없었다. 하지만 매번 그렇게 쉬는 게 미안했는지 점심 무렵이 가까워지자 지인을 부르거나 주변 다방 커피를 시켜 들면서 술도 시켰다.

저녁부터 장사가 되는 다른 호프집과는 달리 낮부터 장사가 시작되니 공부 시간이 줄어들 수밖에 없었다. 그러나 아쉬운 것은 없었다. 이때를 계기로 사업장을 조금씩 키우고 늘려 가는 재미를 느꼈으니 말이다. 호프집에서 시작하여 다른 업종으로 사업을 확장했다. 이때 내가 사업을 확장할 수 있었던 것은 가진 돈이 많아서가 아니다. 이 일을 하다가 문득 다른 일과 연결할 수 있는 고리를 찾으면, 나도 모르게 그 다음이 상상됐다. 그 상상이 재미있으면 뒤도 돌아보지 않고 새 일을 시작했다.

01 __
상상하라. 시간의 차이만
있을 뿐 이루어진다

자신이 즐기며 도전할 수 있는 목표를 가진 사람은 행복하다. 꿈을 키우고 즐거운 상상을 하는 것은 로또 복권 당첨을 기대하는 즐거움에 못지않다. 그 설렘으로 미래를 준비하고 가꾸는 시간이 지루함을 잊게 하고 조급함에 빠지지 않게 한다.

로또 복권을 사는 이유는 당첨에 대한 기대도 있겠지만, 일주일 동안의 행복한 상상 때문이라고 말하는 사람들이 많다. 한 번에 일확천금을 벌어서 무엇을 하며 살지를 꿈꾸는 시간이 즐겁다고 말이다. 그러나 그 꿈은 토요일 밤 8시가 유효 기간이다. 딱 그때까지만 행복한 상상을 한다. 그리고 월요일에 새롭게 복권을 사며 다시 꿈을 꾼다. 변화가 없는 일상이 무한 반복되는 꿈이다.

잠시만이라도 행복한 상상을 할 수 있는 것도 괜찮다. 지친 일상에 단비와도 같은 여흥이기도 하다. 그러나 매번 반복하기만 하며 제자리로 돌아오는 뫼비우스의 띠라는 게 문제라면 문제이다. 이 띠의 굴레에서 벗어나서 한 발자국이라도 내딛어야 한다.

꿈을 그린다는 것은 즐긴다는 것이다. 아직 어떻게 될지 모를 미래를 만든다는 즐거움이다. 그래서 상상으로만 그칠 소소한 즐거움을 현실에서 이룰 때의 기쁨은 삶의 비타민이 된다. 이 비타민을 과외에 이어 본격적으로 복용하게 된 게 호프집 운영이었다. 오전에 한두 명씩 찾아와 잠시 숨을 돌리던 영업 사원들이 괜히 미안하다며 술을 시켰다. 혼자서 술을 마시기가 민망한지 지인을 부르거나 주변 다방에 커피를 시키고 술도 시켰다. 그러다가 아예 몇몇 영업 사원들이 점심 무렵부터 술판을 벌였다.

생각지도 못한 오전 장사가 이뤄졌으니 그 사람들이 너무나 고마웠다. 외진 곳이라 아침부터 찾아왔다고 하지만, 나로서는 길목이 아닌 외진 곳이라는 핸디캡을 극복한 셈이었다. 그리고 다방 아가씨들도 고마웠다. 그들이 안 나와 줬으면 오전 장사가 제대로 될 수가 없었다.

"저, 속이 좀 쓰리죠? 이거 드세요."

"어머, 사장님. 고마워요. 다른 사장님들은 이런 거 안 해 주시는데."

아침부터 술을 마셔야 하는 그녀들이 고맙고 안쓰러워 자양강장제나 위장약을 챙겨 줬다. 해장을 하라고 라면도 끓여서 그냥 줬다.

그랬더니 너무나 고마워했다. 정작 고마운 것은 나인데, 그녀들은 이런 배려 아닌 배려를 받아 본 적이 없었던 것이다.

내가 해준 것은 기껏 라면이나 자양강장제 정도였는데, 그녀들은 더 큰 보답으로 돌려줬다. 영업 사원들과 술을 마셔 주는 것만 해도 적지 않은 도움이다. 그런데 기왕 술을 마실 거면 좋은 술을 마시자 며 비싼 양주를 시켰다. 영업 사원들은 남자들의 과시욕을 감추지 못했다. 여자가 좋은 술을 먹자는데 비싸다고 딴 술을 먹자고 하지 않았다.

내가 영업을 하지 않아도 비싼 술이 팔렸다. 소주와 맥주를 팔던 매출이 한순간에 양주 매출로 바뀌었고, 안주도 비싼 과일 안주가 팔렸다. 오전부터 시작한 장사가 저녁까지 이어지니 시골 외진 곳의 작은 호프집치곤 제법 장사가 잘됐다.

외진 곳에서 작은 호프집을 하면서 의도치 않은 생태계의 선순환 효과를 누렸다. 영업 사원이 쉴 수 있는 아지트로 내 가게를 삼으니 나와 다방 아가씨들과의 공생이 이루어졌다. 그리고 내가 얻은 이득 을 나만의 것으로 생각하지 않고 작게나마 보답을 했더니 더 큰 보 상이 돌아왔다.

다윈이 말한 것처럼 변화에 가장 적극적인 종만이 살아남는다. 결 코 강하거나 영리하기 때문에 살아남는 것이 아니다. 나는 남들보다 똑똑한 것도, 돈이 엄청나게 많은 것도 아니었다. 그저 작은 변화를 놓치지 않았던 덕분에 살아남을 수 있었다. 영업 사원들과 아가씨들 을 만나면서 단순히 호의를 주고받는 것에 그치지 않았다. 호의가 기회로, 일대일 관계가 선순환의 생태계로 바뀌는 순간을 포착했다.

내 주변의 작은 생태계가 만들어지자, 나는 또 한 번 상상의 행복과 자유를 마음껏 누릴 수 있었다. 아이디어라는 것도 별것 아니다. 무작정 남들이 생각하지 못한 기발한 것을 떠올리느라 애쓰지 않아도 된다. 내가 좋아하는 것을 시작하면 새로운 아이디어가 마술사의 입에서 만국기가 줄줄이 나오듯 쏟아진다. 그렇게 시작해서 생태계를 만들면 된다. 좋아하는 것과의 연관성을 찾아내면 아이디어가 쏟아져 나오고 성공의 확률도 그만큼 커진다.

영업 사원들과 아가씨들 덕분인지 호프집은 금세 입소문을 탔고, 열악한 입지 조건에 비해 제법 손님이 들었다. 나는 원래부터 에너지 넘치는 유쾌한 성격이지만 장사가 잘되니 내 얼굴에선 항상 웃음이 떠나질 않았다. 이런 내 모습이 좋아 보였던지 손님들 중에는 내게 이런저런 사업을 권하는 분들이 더러 있었다. 느닷없이 건설업을 한번 해 보지 않겠냐고 하는 분도 있었고, 또 어떤 분은 신문사를 해 보지 않겠냐고도 했다.

그때는 뜬금없는 이야기라 그냥 듣고만 있었다. 그러나 내 주변을 바라보니 사업 확장을 통해 또 다른 생태계를 만들 만한 게 보였다.

과외에 이어 작은 호프집도 어느 정도 성공하고 나니 어머니께 슈퍼마켓을 차려 드릴 만한 여유가 생겼다. 작은 가게라도 차려 드리니 얼마나 기뻐하셨는지 모른다. 하지만 어머니의 기쁨에 못지않은 즐거운 일이 생겼다. 슈퍼마켓 옆에 작은 가게가 나왔던 것이다.

당시 나는 호프집을 마감하고 뼈다귀해장국을 아주 좋아해서 즐겨 먹곤 했는데, 하루는 뼈다귀해장국의 고기를 발라 먹다가 문득 엉뚱한 생각이 들었다. 내가 뼈다귀해장국집을 차리면 이 맛있는 고기를 마음껏 먹을 수 있지 않을까 하는 생각이 든 것이다. 초등학생이나 할 법한 단순하고 유치한 생각이었지만, 한 번 상상을 시작하니 줄줄이 그림이 그려졌다. 무엇보다 호프집과 연계하면 나쁘지 않을 듯했다. 우리 가게에서 술을 마신 손님들이 해장하러 내 뼈다귀해장국집으로 가는 것이다.

뜻이 있는 곳에 길이 있다고, 상상을 하니 방법이 하나 둘 눈에 들어왔다. 어머니께서 하고 계시던 슈퍼마켓 근처에 작은 식당 자리가 나와 있으니, 여기서 뼈다귀해장국집을 연다면 어머니가 가까이 계시니 관리도 쉽고, 호프집과도 가까워 손님들을 그곳으로 안내하기도 편리했다.

가게를 맡아서 운영해주실 후보로는 내가 단골로 가던 뼈다귀해장국집의 주방 이모님을 떠올렸다. 그 식당의 주방 이모님은 음식 솜씨가 일품인 데다 일하는 것도 너무나 야무졌다. 월급을 받는 직원이면서도 마치 자기 가게처럼 열심인 모습이 정말 믿음직해 보였다. 가끔 우리 호프집에도 놀러 와서 나와 이런저런 이야기를 나누기도 하던 터라 나는 이모님께 솔깃한 제안을 했다.

"제가 이번에 뼈다귀해장국집을 낼 테니까 한번 맡아서 해 보실래요?"

"내가? 아휴, 내가 어떻게 해. 주방에서 해장국만 끓이던 사람이 식당을 맡아서 한다니⋯⋯."

"에이, 왜 그래요? 제가 보니 음식 만드는 것 말고도 손님들께 친절하시고 일을 즐기면서 하시던데요."

월급 사장 겸 주방까지 맡긴다는 내 제안에 그 이모님도 동의를 했고, 나는 계획대로 어머니 슈퍼마켓 근처의 작은 가게를 얻어 뼈다귀해장국집을 차렸다.

내가 상상했던 대로 우리 호프집 손님들은 해장 코스로 우리 뼈다귀해장국집에 들렀다. 게다가 주위엔 여관들이 많아 배달 주문도 많았다. 여관 손님들이 카운터 아주머니에게 배가 고프니 뭐라도 시켜 달라는 부탁을 할 때가 많은데, 아주머니들이 우리 뼈다귀해장국을 종종 주문하곤 했다.

나는 고마운 마음에 배달을 갈 때마다 자양강장제나 음료수, 간식거리 등을 챙겨 드렸는데, 그게 다시 선순환을 일으켰다. 아주머니들이 아예 우리 뼈다귀해장국집을 지정 식당처럼 생각하고 손님들의 주문을 몰아주었던 것이다.

굳이 돈을 많이 벌려고 차린 게 아니었다. 내가 먹고 싶은 뼈다귀해장국을 맛있게 먹고, 호프집 손님들이라도 찾아 주면 유지는 할 수 있겠다는 생각으로 시작했고, 도와주시는 분들에게 감사한 마음을 표현했을 뿐이다. 그러자 조금씩 내 주변에 작은 생태계가 만들어지더니 생각지도 못한 로또가 당첨된 것이다.

02 ___
무엇을
해야 할까

　내가 살아온 삶은 법대생들이 으레 꿈꾸는 인생 항로와는 다르다. 그건 법대 진학 자체가 나의 꿈이 아닌 부모님의 권유였기 때문이기도 하지만, 무엇보다 사업을 하면서 '재미'를 느꼈기 때문이었다. 과외로 시작해서 호프집, 식당까지 소소하게나마 성공을 하는 게 너무나 재미있었다. 내가 생각한 대로, 상상한 대로 이루어지는 게 즐겁기만 했다.

　외진 곳에서도 호프집과 식당이 잘되니 슬슬 자신감도 생겼다. 또 다른 것을 시도해도 잘할 수 있을 듯했다. 뭔가 또 재미있게 할 수 있는 게 없는지 궁리를 하던 중에 생활정보신문이 눈에 띄었다. 〈교차로〉나 〈벼룩시장〉이라는 생활정보신문이 한창 잘나갈 때였다. 지금처럼 디지털 시대가 아니어서 종이 신문의 가치가 높을 때였다.

호프집에 종종 들르는 생활정보신문 영업 사원들이 있었다. 처음에는 어떤 업종의 영업 사원인 줄은 몰랐는데, 가게에 쉬러 온 그들의 표정은 그다지 밝지 않았다.

"가뜩이나 힘들어 죽겠는데, 사장은 왜 그런대? 이거 짜증나서 일하겠냐?"

"많이 힘드신가 봐요. 근데 무슨 일을 하세요?"

"생활정보신문에서 일해요. 구인구직이나 광고를 내 주는 신문요."

"어? 그거 〈벼룩시장〉 같은 것 아니에요? 나 서울에서 봤는데."

당시 공주 지역에도 〈벼룩시장〉이나 〈교차로〉와 같은 생활정보신문이 있었는데, 영업 사원들은 생활정보신문에 실을 광고를 따오는 게 만만치 않다며 힘들어했다. 나중에 사장도 우리 가게에 와서 똑같이 앓는 소리를 했다.

새로운 일에 대한 호기심에 영업 사원으로 그 회사에 들어갔다. 가게는 직원들에게 믿고 맡길 수 있는 상황을 만들어 둔 터라 온종일 지킬 필요가 없었다.

서울에 처음 올라갔을 때도 호기심이 많아 학교 식당에서만 아르바이트를 하지 않았다. 남는 시간에 대학로에 가서 연극 포스터를 붙여 주고 공짜로 관람하거나, 영화관에서 청소하고 뷔페에서 식사를 얻어먹는 일도 한 적이 있다.

그때를 생각하니 지금도 남는 시간에 충분히 다른 일을 할 수 있을 것 같았다. 어차피 사무실로 출퇴근을 꼬박꼬박 할 필요도 없다.

생활정보신문은 광고를 따오는 성과가 더 중요한 곳이니 말이다.

호프집과 뼈다귀해장국집을 관리하면서 생활정보신문의 영업을 시작했다. 시작한 지 반 년도 되지 않아 나는 기존의 영업 사원들보다 더 많은 광고 계약을 맺었다. 영업이 내 체질에 딱 맞은 셈이었다. 실적도 실적이었지만 무엇보다도 나는 사람들을 만나고 배우는게 즐거웠다. 간판 가게, 식당, 학원 등 다양한 업종의 사람들은 내가 미처 몰랐던 세상을 안내해 준 길잡이였다. 소박하게 살면서 자신의 일에 자부심을 감추지 않는 그분들은 살아 있는 교과서였다.

그분들은 한 업종에 오래 몸담으면서 자리를 꿋꿋이 지키고 있었다. 이런 분들을 만나며 귀한 이야기들을 듣다 보니 힘들다는 생각은커녕 하루하루 쑥쑥 자라는 느낌이었다. 배운다는 생각과 영업에 대한 재미에 흠뻑 빠져 있는 내가 마음에 들었는지 광고 계약도 수월하게 이루어졌다. 차츰 영업맨다운 모습도 갖춰졌다. 그 당시에 귀한 휴대 전화를 들고 차를 몰며 공주 시내 곳곳을 돌아다녔다.

생활정보신문 직원들은 내가 호프집과 식당 등 나름 잘나가는 개인 사업체를 가지고 있으면서 생활정보신문에서 영업을 뛰어다니는 게 별나 보였던지 많은 관심을 보였다. 직접 몸으로 뛰며 직원들의 힘든 상황을 공감한 터라 나는 그들에게 밥도 사고 술도 사 주며 많이 위로도 해 줬다. 안타까운 마음에 사장에게도 이런저런 조언을 많이 했다.

"기껏 뽑아서 일을 가르쳐 놨더니 대책도 없이 관두는 애들이 많아서 죽을 맛이네."

"뭘 그리 걱정하세요? 내가 딱 보니 성과급을 팍팍 올려 주면 다들 힘내서 열심히 하겠던데."

그동안 내가 봐도 직원들과 사장의 생각은 달라도 너무 달랐다.

한쪽은 자신이 열심히 일한 만큼 현실적인 인정을 해 주기를 바라고, 또 다른 쪽에서는 어떻게든 지출 비용을 아끼려는 생각만 했다.

그래서 도움이 되기를 바라고 한마디 한 것인데, 이 말이 사장의 심기를 건드렸는지 반응이 좋지 않았다.

"네가 사장이냐? 건방지게 말이야. 네가 뭔데 간섭이야? 어린놈이 싸가지 없이!"

아직 서른도 안 된 젊은 녀석이 조언이랍시고 건넨 게 영 못마땅했던 모양이다. 잘되기를 바라고 한 말을 그렇게 삐딱하게 받아들이니 서운하기도 하고 정나미도 떨어져서 그냥 관둔다며 사표를 냈다. 무엇보다도 진심이 통하지 않는 사람에게 나의 귀한 열정과 시간을 낭비하고 싶지 않았다.

사장과의 불화로 일을 관둬 버리니 직원들이 찾아왔다. 회사가 어려워져 직원을 정리한다고 했단다. 직원들의 갈등은 여전했다. 그들에겐 상상력이 부족해 보였다. 당장의 서로에 대한 서운함에만 몰두할 뿐, 사업을 재미있게 하는 방법을 궁리하지 않았다. 그때도 내 머릿속엔 생활정보신문이라는 나무를 어떻게 키우면 될지, 또 성공의 넝쿨이 뻗어 나가려면 무엇을 해야 할지가 떠올랐다.

03 __
기업가 정신은
'창조적 파괴'이다

"그럼 내가 해 봐야겠다."

생활정보신문 사업을 직접 하기로 마음먹은 뒤에 〈교차로〉를 검색해 보니 우리말로 '사거리'란 게 나왔다. 그래서 〈사거리〉라는 이름으로 생활정보신문을 창간했다.

〈사거리〉에 광고를 실으려고 다시 열심히 뛰어다녔다. 그런데 간혹 광고를 내지 않으려는 사람들을 만나면 선뜻 이해가 되지 않았다. 소도시에서는 한 번의 광고도 그 효과가 컸다. 그런데 얼마 안 되는 광고비가 아깝다고 지갑을 열지 않았다. 나는 좀처럼 이해가 되지 않았다.

'광고 한 번 하고 물건을 팔면 광고비 정도는 금세 만회하는데 대체 왜 안 할까?'

이런저런 생각을 하다 문득 엉뚱한 아이디어가 떠올랐다. 생활정보신문의 사업 방식이 수많은 자영업자, 개인, 사업체 등에서 광고를 수주하는 것인데, 이 생각 자체를 뒤집어 보자는 것이었다.

광고 수주가 아예 안 되는 것은 아니었다. 그래서 기본적인 광고 물량은 확보를 하되, 내가 가진 사업체의 광고를 지면에 신자고 생각했다. 남의 것이 아닌 내 것을 하자는 것이었다. 그러자 내가 가지고 있는 것만 광고를 해도 쏠쏠한 재미를 볼 수 있었다. 호프집이나 뼈다귀해장국집도 제법 광고 효과를 봤다.

상상이 꼬리에 꼬리를 물다 보니 불현듯 〈교차로〉의 알뜰 매장 코너가 눈에 들어왔다. 중고 제품을 매매하는 광고를 신는 코너인데, 〈사거리〉에도 그런 코너를 만들기로 했다. 그리고 내가 직접 중고 알뜰 매장을 운영해서 〈사거리〉에 광고를 내기로 했다.

"광고를 보니 중고 냉장고나 TV를 사려면 대전까지 가야 하던데, 아예 우리가 중고 제품을 사고파는 알뜰 매장을 차리면 어떨까?"

"네? 알뜰 매장을 아예 차리자고요?"

내 말을 들은 직원은 깜짝 놀랐다. 아무도 생각하지 못한 아이디어였다. 하지만 이 아이디어는 성공을 거뒀다. 여태껏 〈사거리〉를 비롯한 공주 지역의 생활정보신문은 집이나 가게 매매와 전세, 구인구직이 대부분이었다. 내가 〈사거리〉에 알뜰 매장 코너를 만든 것은 〈교차로〉를 참고한 것이지만 아예 매장까지 차린 건 내가 처음이었다. 알뜰 매장 광고를 아예 〈사거리〉에다가 전면 광고로 실었다.

신문사 2층에 알뜰 매장을 차리니 사람들이 모여들었다. 그때만 해도 이런 매장이 별로 없는데다가 자주 보던 〈사거리〉 지면을 통해 위치와 정보를 알게 됐으니 금세 사람들로 붐볐다. 대부분 중고 제품을 채워 놓았는데, 신제품을 사러 오는 고객들도 있었다. 얼마 동안 고객들을 지켜보니 가전과 관련한 신제품에 대한 수요를 발견했다. 그래서 중고 알뜰 매장에 이어 삼성전자, LG전자, 대우전자를 통합해서 파는 판매점까지 차렸다.

당시 내 나이가 스물대여섯이었으니 장사나 경영에 대해 아는 게 딱히 많지 않았다. 그러나 성공이란 게 한 번 궤도에 올라타면 자가발전을 한다는 것쯤은 저절로 알게 됐다.

자가발전의 동력은 성공의 연쇄 반응을 일으킬 수 있는 연결 고리를 찾는 것이다. 〈사거리〉에서 중고 알뜰 매장, 중고 알뜰 매장에서 종합가전 판매점 등 성공의 연쇄 반응은 연결 고리 간의 융합 덕분이었다. 매체와 중고 제품매장, 중고 제품 매장과 신제품 매장 등의 결합은 당시로서는 지역사회에서의 완벽한 비즈니스 생태계를 만든 셈이었다.

기업가 정신은 뭔가 거창한 것만을 의미하는 게 아니다. 기업가정신의 핵심은 '창조적 파괴'라고 한다. 정보지에서 전자 제품 판매점까지 연결된 것은 작게나마 창조적 파괴를 시도한 덕분이다. 정보지의 관행이나 수익 모델을 답습했다면 전혀 다른 업종으로 일을 이어가지 못했을 테다. 관행을 깨고 전통적인 수익 모델의 울타리를 무너뜨리니 새로운 기회가 기다리고 있었다.

성공의
연쇄 반응

종합가전 판매점도 반응이 좋았다. 중고 제품을 사려면 알뜰 매장으로, 신제품을 사려면 판매점으로 갈 수 있으니 이용하기에 편했다. 가구에 대한 수요도 가전제품과 비슷하게 발생했다. 황실가구, 장인가구 등 브랜드가 꽤 알려진 가구들도 들여놨다. 사람들이 좀 더 좋은 물건을 찾으니 가게만 얻으면 됐다. 그리고 컴퓨터를 찾는 사람들도 점차 늘어나 컴퓨터 종합판매점도 차렸다.

내가 아는 선배 중에 굉장히 성실한 분이 있었다. 알뜰 매장만 챙기는 것도 힘에 부쳤기에 나는 그분께 종합가전 판매점을 맡겼다.

가전제품과 가구 배달까지 맡아서 해 달라니 흔쾌히 수락하셨다.

컴퓨터 종합판매점은 삼성 컴퓨터 서비스센터에서 근무했던 친구에게 맡겼다. 급료도 많아지고 떡하니 컴퓨터 매장 대표 명함까지 갖게 됐으니 마다할 이유가 없었다. 이처럼 일을 벌인 만큼 주변에 사람들이 모여들었다.

중고 게임기 매장도 반응이 좋아서 전문점을 차릴 정도로 사업의 넝쿨은 뻗어 나갔다. 호프집, 식당, 가구점, 종합가전 판매점, 컴퓨터 종합판매점, 게임기 판매점 등 내가 하는 사업 관련 광고만 해도 〈사거리〉 광고의 절반을 차지했다. 한 달만 돈을 벌면 가게 하나를 차릴 수 있는 수익 구조도 갖췄다.

그렇게 해도 나는 만족할 줄 몰랐다. 돈 욕심보다 자꾸만 샘솟는 아이디어를 주체하지 못했다.

매장마다 카드 체크기가 필요한데, 이 아이템도 왠지 잘할 수 있다는 생각에 카드 체크기 영업관리 회사를 만들었다. 뿐만 아니다. 〈사거리〉가 잘되자, 곳곳에서 지점을 내겠다고 사람들이 찾아왔다. 사촌 형제뿐 아니라 부여, 논산, 조치원 등 인근 지역에서 브랜드를 로열티를 내고 사용하겠다고 나를 찾아왔다.

〈한국창업신문〉도 과거의 성공 넝쿨을 이어 간 셈이다. 이 신문은 교육에서부터 취업과 창업까지 아우른 정보를 제공하려고 만들었다. 이런 정보를 취급하다 보니 지역주민에게 취업과 창업에 대한 도움을 드릴 수 있는 교육사업을 해 보자는 생각까지 했고, '한국평생교육원'까지 열게 됐다.

평생교육원은 〈한국창업신문〉과의 연결 고리를 찾은 것이자 비즈니스의 핵심 가치를 충족시킨 것이었다. 교육 관련 비즈니스의 핵심 가치에 충족하는 관련 사업으로 확대한 셈이다. 훌륭한 교수님들을 모시면 취업 준비생이나 창업 준비생들은 저절로 모여들었다. 무엇보다 내가 배우고 싶은 것을 전국으로 찾아다니며 직접 수강한 강의 중에 훌륭하게 강의하시는 분들만 섭외를 했다.

그런데 이 사업을 하려고 할 때 주위의 반대가 만만치 않았다.

"에이, 충청도 사람들은 적극적으로 돈 내고 공부를 안 해요. 이런 거 했다가 망하기 십상이에요."

충청도 사람들이 일부러 공부를 하지 않을까? 아니다. 공부할 기회나 여건이 없어서 못 하는 것일 뿐이었다. 모두가 안 된다고 하는 것을 역발상으로 나는 그만큼 선점의 기회가 있다고 받아들였다.

그렇게 성공 넝쿨은 또 한 번 뻗어 나갔다.

내가 하는 사업을 나열하면, 문어발이 떠오른다는 사람도 있다. 그렇지만 돈이 많아서 무작정 연관 없는 사업을 벌이는 문어발은 아니었다. 서로 얽히고설킨 넝쿨이 되어 나만의 생태계를 만든 것이다. 서로의 관계성을 찾아 성공의 연쇄 반응을 일으켰을 뿐이다.

05

호기심은 현재보다
더 큰 그림을 그린다

회사를 무슨 호떡 만들 듯하니 돈 자랑을 한다고 오해하는 사람들도 있었다. 언뜻 보기에 전혀 관련이 없어 보이는 일들을 쉽고 재미있게 잔뜩 벌이니 그렇게 보일 만도 하다. 때로는 오지랖이 넓어서 이것저것 하는 게 아니냐고 곱지 않은 시선을 보내기도 한다.

나는 오지랖이 아니라 새로운 일을 배우는 것에 대한 호기심이라고 말한다. 어떤 일에 재미가 있으면 그림이 마구 그려진다. 눈에 보이는 현재의 모습 말고도 내가 손을 대면 어떻게 바뀔 거라는 모습이 상상된다. 호프집을 할 때도 다른 가게를 보면서 매출을 더 높일 수 있는 다양한 아이디어들이 떠오르곤 했다. 세계 주류 회사를 차려도 이렇게저렇게 하면 더 많이 팔 수 있다는 생각이 저절로 들었다. 물론 이런 생각은 누구나 할 수 있다. 나는 그 생각에서 멈추지 않고 구체적인 그림을 그려 봤다. 그렇게 그린 그림이 마음에 들면 주저하지 않고 뛰어들었다.

오지랖과 호기심의 차이는 결과가 다르다. 오지랖은 장기나 바둑에서 훈수를 두는 것과 다를 게 없다. 자신이 책임지지 않는다.

호기심은 주체를 나로 바꾸는 것이다. 호기심은 행동으로 이어진다. 내가 궁금하고 답답해서 호기심을 풀려고 움직이게 된다.

대략 15년 전에 잠시 취업과 창업을 준비하는 사람들을 대상으로 강사를 한 적이 있었다. 강의를 하다 보니 강사들이 무척 많았다.

고학력에 양질의 강의를 하는 사람들이 한둘이 아니었다.

'야! 이 사람들을 모아서 나중에 회사를 차리면 재미있겠네.' 하고 생각했다.

그런데 강사들을 지켜보니 궁금한 게 생겼다. 그때 강사들은 서로 강의료만을 비교하고 따져 볼 뿐, 강의안을 주고받으며 정보를 공유하지는 않았다. 일종의 영업 비밀이랍시고 감췄던 것이다. 좀 뜬다 싶으면 더 좋은 대우를 받고 훌쩍 나가 버리면 그만이었기 때문이다. 한편 강의를 제공하는 회사는 그때마다 새로운 인물을 발굴하느라 애를 먹었다. 이직률이 높고 재직 기간이 짧아서 그냥 회사를 차렸다가는 고생만 할 수도 있었다.

강사들을 한데 묶을 좋은 방법을 고민하던 차에 한 강사가 나를 찾아왔다.

"유 선생님이 하던 강의가 참 좋던데요?"

"그래요? 그럼 제 강의안이랑 동영상 자료 좀 보내 드릴게요."

"예? 아, 그럼 고맙죠."

아무런 조건 없이 내 강의안과 자료를 준다니 적잖이 놀랐다는 표정이다. 그 강사 말고도 주변에 내 강의에 관심을 가진 강사들에게 내 자료를 아낌없이 내줬다. 그러자 강사들은 '대체 이 사람은 뭐지?'라는 반응이었다. 같이 강의를 하는 입장에서 자신의 영업 비밀을 모두 공개해 버리는 게 선뜻 이해가 되지 않았던 것이다.

호기심은 분명한 목적의식을 가지게 한다. 그 강사들은 오로지 강의하는 것에만 신경을 썼다. 나는 강의를 하는 것뿐만 아니라 회사 설립이라는 목표가 있었다. 똑같이 경쟁하는 상황이었지만 강의에 대한 욕심을 부릴 이유가 없었다. 강의 순서를 두고 은근슬쩍 눈치를 볼 때도 늘 상대에게 먼저 하라고 양보했다. 내가 사장이 될 텐데, 강사들과 강의 순서 따위를 두고 다툴 수는 없지 않은가.

강의안을 아무렇지 않게 내주는 게 또 오지랖으로 보일 수 있다. 오지랖이 넓은 사람은 이것저것 기웃거리다 직접 체험도 해 보는 등 활동적인 성향이라 자기 혼자서도 사업이 가능하다. 그러나 구성원들이 많고 이래저래 돈이 들어가는 게 많으면 오지랖만으로는 매출을 올릴 수 없다. 오히려 오지랖으로 참견만 하며 변죽을 올리는 리더로 낙인찍힐 수 있다.

오지랖이 아닌 호기심이 강한 사람은 현재보다 조금 더 미래의 시간을, 지금의 그림보다 좀 더 큰 그림을 본다. 당장의 눈앞에 있는 시장과 경쟁 구도에 갇히지 않는다. 되레 그 시장과 선의의 경쟁 구도를 품을 수 있는 큰 그림을 그린다.

___ 06
호기심이 강한 사람은
창의적인 그림을 그린다

　평생교육원을 하면서 단순히 오프라인 교육만을 하거나 동영상 강의만 웹에 올리는 것이 성에 차지 않았다. 그래서 양질의 교육 과정에 대한 호기심이 생겼다. 도대체 어떻게 하면 더 효과적인 교육 과정을 만들 수 있을지 궁리를 거듭했다. 우선 평생교육원에서 보유하고 있는 콘텐츠를 전부 촬영했다. 그리고 원격으로 쌍방향 교육이 이루어지는 시스템을 구축하기로 했다.

　호기심의 대가는 크다. 10억 원이라는 돈을 쏟아 부어야 했다. 그러자 주위에서는 고개를 갸웃거렸다. 4년제 대학도 아닌데, 지방의 일개 평생교육원이 할 일은 아니라는 반응이었다. 배보다 배꼽이 더 크다는 우려가 컸지만, 나는 단순하게 생각했다.

　"그럼 우리가 다 개발한 것이니 그걸 가지고 전국에 100개의 평생교육원을 만들면 되겠네."

교육 시스템을 구축하고 각 지역의 오프라인 교육을 결합시키면 된다는 생각이었다. 100개를 만들 때, 해당 지역에서 이 사업을 하고 싶은 사람이 돈이 없다면 내가 투자하면 된다. 그가 만들어 놓은 것이 있으니 내가 더 이상 10억 원씩 투자할 필요가 없어 크게 부담되지 않는다. 예컨대 내가 1억 원을 투자해서 상대의 10억 원의 교육 자산을 공유할 수 있다.

내가 투자한 게 아깝다는 본전 생각은 버려야 한다. 10억 원을 투자했으니 그만큼의 돈을 받겠다면 소탐대실이다. 내가 1억 원만 더 투자하면 그 사람은 10억 원의 가치를 가진다. 평생교육원이 100개가 되면 1,000억 원으로 불어난다. 10억 원의 자산이 한순간에 1,000억 원의 가치를 가지는 사업이 돼 버린다.

호기심을 키워 생각을 하고 목표를 가지면 더 큰 가치를 창출한다. 나 혼자 모든 것을 다 하고 전부 가지겠다는 생각을 버리면 된다. 나와 함께 교육 사업을 하고 싶어도 돈이 없다는 이유로 주저하는 사람이 있을 수 있다. 그러나 준비가 되어 있다면 돈 걱정은 하지 않아도 된다. 내가 1억 원만 더 투자하면 자신이 살고 있는 지역의 평생교육원장이 될 수 있다. 꿈을 가지고 준비한 사람이니 그 사람도 목표와 계획이 있을 테다. 이런 열정적인 사람과 함께 일할 수 있다는 것만 해도 내가 얻을 것은 더 많다. 서로 같이 성장하게 되기 때문이다. 이만한 역량을 가진 사람을 고용하려면 인건비만 해도 그만큼 나가게 되는데 그럴 필요가 없다. 피고용인으로 제한된 일을 하며 얻어 낼 가치는 작을 수밖에 없다. 그렇지만 파트너십으로 함께하면 더 큰 가치와 지분을 가질 수 있다.

호기심으로 그림을 그리려는 순간, 나도 모르게 생각이나 관심의 영역이 확장된다. 근사한 레스토랑에 호기심이 생기면, 인터넷으로 관련 정보를 알아볼 뿐 아니라 식자재를 납품하는 도매 시장까지 찾아다닌다. 종류나 가격도 꼼꼼하게 알아보며 돌아다니니 기존의 누군가가 만들어놓은 시스템에서 움직일 때와는 너무나 달랐다. 호프집을 할 때 안주류의 도매 시장을 돌다 오징어도 급이 다르다는 것을 알게 됐다. 내 호기심만큼 눈이 함께 넓어진 것이다. 주류도 알고 보니 무궁무진한 세계였다.

"아니, 사장님이 왜 이렇게 힘들게 돌아다녀요? 그렇게 일하고 나면 안 힘들어요?"

"전혀 안 힘든데요. 새로운 것을 알게 되니 힘들 리가요."

사람들은 나에게 대체 그런 열정은 어디서 나오느냐고 묻는데, 내 열정의 근원은 호기심과 차츰 뭔가 알게 될 때 느끼는 기쁨과 즐거움에 있다. 나도 모르게 성장한 느낌을 알게 됐을 때의 즐거움은 비교될 것이 없다. 어떤 취미 활동이나 게임에 빠지면 밤새도록 해도 피곤한 줄 모르지 않는가. 별다른 이유나 명분을 붙일 필요도 없이 그냥 나는 그 일들이 재미있을 뿐이다.

한창 재미있게 게임을 하다가 '어, 이걸 왜 칼을 들고 나오는 것으로 만들었지? 차라리 총이 더 박진감 넘칠 텐데.', '이 장애물은 왜 이렇게 낮게 만들었을까? 게임이 시시해지는데.' 같은 생각까지 하게 되면 개발자가 될 가능성이 커진다. 그냥 게임에 빠져 총 쏘고 칼을 휘두르며 시간을 보내는 것과는 다르다.

오지랖은 중심이 없이 이것저것 하고 다니는 것에 불과하다. 목표와 성장하고 싶은 욕심이 있어야 한다. 이럴 때 호기심이 생긴다.

목표를 가지고 호기심이 생기면 더 큰 가치의 창출이 가능하다. 내가 계속 성장할 수 있는 기회를 창출하고, 공동의 가치와 상생까지 추구하게 된다. 지금도 나는 호기심에 들떠 있다. 아무리 기막힌 생각이나 아이디어도 말로만 하고 끝나면 오지랖이다. 그런데 호기심이 강한 사람은 창의적인 그림을 그리는 화가다. 내가 성장할 수 있는 기회를 그려 내고 가치를 만들어 낸다. 시간의 차이만 있을 뿐이다.

07

간절한 사람은
목표가 뚜렷하다

상상이 현실이 되려면, 간절함이 배어 있어야 한다. 냉정하게 따져서, 현실에서 자기가 좋아하는 일, 재미를 느끼는 일을 하는 사람이 얼마나 될까? 때문에 '일에서 재미를 느껴야 한다.', '꿈을 찾아야 한다.'는 식의 말은 공허하게 들릴 때가 많다.

우리나라 취업 준비생들과 비정규직의 생생한 현실을 담은 드라마 〈미생〉에 이런 대사가 나온다.

"회사 안은 전쟁터야. 그런데 밖은 지옥이야."

전쟁터보다 더 참혹한 지옥이라는 게 회사 밖의 현실이라니 참담하다. 그러나 〈미생〉의 주인공은 참담한 현실을 고스란히 보여 주면서도 쉽게 꺾이지는 않았다. 나는 〈미생〉의 장그래를 보면서 '이 친구는 고통마저 즐기겠구나.'라는 생각을 했다. 마조히스트처럼 고통을 즐긴다는 의미가 아니라 자신이나 팀에 맡겨진 힘든 업무를 처리하는 과정에서 배움을 즐기는 듯 보인다는 것이다. 힘들게 일하는 우리나라 샐러리맨들의 민낯이 화제가 됐지만, 내 눈에 들어온 것은 성장하기 위한 과정을 즐기는 인물들이었다.

장그래는 여러 사람들과 일하면서 일의 속성을 배우고 캐릭터를 분석하며 앞으로 뚜벅뚜벅 걸어갔다. "우리 모두는 장그래다!"라는 성난 구호도 이해가 간다. 하지만 장그래가 어떻게 성숙하고 성장하는지도 눈여겨봐야 하지 않을까? 힘겹게 하루를 버티고 생존 경쟁에 휘둘리는 모습은 사실적이다. 그러나 그 모습만 눈에 들어온다면, 자신이 딱 그만큼만 성장하고 있다는 뜻이 된다.

사람들은 자신이 보고 싶은 것만, 또는 볼 수 있는 것만 보게 된다. 〈미생〉에 공감했다면 사실적인 묘사와 아픔뿐만 아니라 장그래의 성장에도 주목해야 한다.

장그래는 어렵사리 인턴으로 들어왔지만 정규직이 될 가능성은 처음부터 제로였다. 동기들의 뛰어난 스펙과 비교할 수 있는 그 어떤 객관적인 지표도 가지고 있지 않았다. 무엇보다 비정규직이 정규직이 된 사례가 없던 회사였다. 장그래가 믿을 수 있는 것은 오로지 자신의 간절함뿐이었다. 그 간절함으로 버티고, 일을 완수하고, 미션을 해결해야만 했다. 또래들보다 문제 해결의 촉이 발달할 수밖에 없었던 것이다.

안타깝지만 그는 결국 정규직이 되지 못하고 회사를 나와야 했다.

그리고 자신이 모시던 상사가 독립해서 만든 회사에 몸담게 된다. 이 엔딩은 과연 해피엔딩으로 끝맺기 위한 그저 그런 설정이었을까? 그렇지 않다. 상사도 장그래의 간절함이 낳은 성장 동력을 발견하고 인정한 것이다.

밤하늘에 떠 있는 별을 보면서 꿈을 키웠다고 치자. 별을 더 공부하고 싶다는 마음에 천문학을 전공했다. 그런데 몇 안 되는 천문학 관련 일자리를 구하는 게 쉽지 않다. 시간이 흐를수록 먹고사는 문제가 간단치가 않으니 하루라도 빨리 취직하는 게 발등의 불을 끄는 유일한 방법이다. 그래서 아무 회사에나 취직부터 했다. 그 다음부터 별은 내 가슴속에만 있다. 대부분의 샐러리맨들은 이처럼 자기 마음속에 별을 간직하고만 있다고 푸념한다.

문학이 좋아 국문과를 갔지만 취직한 뒤에는 숫자만 긁적이며 스펙과 연봉을 따지는 게 대부분이다. 꿈을 묻어 두고 가끔씩 추억의 보따리 안에서만 확인할 뿐이라고 한다. 그들은 자신들 외에도 99%의 사람들이 이렇게 산다고 스스로 위로하며 산다.

그런데 과연 이런 푸념을 하는 사람들은 정말 꿈을 이룰 수 있는 간절함이 있는 걸까?

자신이 원했던 꿈과 목표가 간절했다면 1%의 사람이 됐을 가능성이 높다. 그들은 그냥 막연하게 좋다고 생각하고 하고 싶다는 바람만 가진 게 전부이다. 정말 간절했다면 어떻게든 덤벼들었을 테다.

그리고 간절히 원하면서 찾아다녔다면 그 누구라도 방법을 가르처 줬을 것이다. 그토록 간절하게 원하는 것이 무엇인지 모르는데 어떻게 도와줄 수 있겠는가. 그런데 어떤 사람들은 이런 질문을 한다.

"도대체 그 간절하다는 것을 어떻게 알 수 있습니까?"

정말 자신이 별에 대해 간절함을 느끼면, 주위의 시선이나 가족들의 압박에도 굴하지 않고 밀어붙이는 게 간절함을 가진 것이냐고 따지듯 묻는 사람도 있다. 그때마다 나는 그렇다고 대답한다.

내 인생은 나 홀로 걸어가야 하는 미지의 길이기도 하다. 자신의 선택으로 그 무엇인가를 알 수 없는 길을 가겠다는 간절함은 주위의 곱지 않은 시선도, 당장의 힘듦도 견딜 수 있게 한다.

간절한 사람은 목표가 뚜렷하다. 다만, 목표를 향해 가는 과정이 어렵고 외롭다. 그래서 간절함에 이어 목표에 다가서는 과정을 즐길 수 있어야 한다. 성장의 과정을 즐기는 것이다. 별에 대한 간절함으로 관련 책을 사서 읽었다면 0.001%라도 발을 내딛은 것이다.

또 망원경을 사가지고 별을 쳐다봤다면, 또 한 번 0.001%를 나간 것이다.

간절하면 목표가 생겨 집중하게 된다. 목표를 향해 가는 과정에서 재미를 느끼고, 차츰 호기심을 키우며 학습하고, 그만큼 성장하는 사이클을 거쳐야 온전한 자신을 찾을 수 있다. 또 지옥 같다고 느끼는 현재도 즐길 수 있다.

과연 나는 내가 하고 싶은 것을 할 수 없는 세상에서 살고 있는 것일까? 하고 싶다고 생각한 일이 정말 그토록 바라던 것일까? 이런 질문을 스스로 던져 본 적이 있는지 생각해 보자. 만약 없다면 지금이라도 자신에게 물어보자. 막연한 바람이 아닌 구체적인 그림을 그려 보자는 것이다. 이 그림이 맞는지 아닌지를 따지고, 또 간절히 원하는지 아닌지 확인이 되면 길이 보인다. 움직이자.

08 ___
목마른 사람이
우물을 판다

간절한 사람은 해답을 찾기 위해 머나먼 여정을 마다하지 않는다. 해답을 구할 방법을 찾으려고 멘토를 찾고, 롤 모델을 좇는다.

자신이 하고 싶은 것을 하는 사람들은 그 방법을 찾은 것이다. 자신이 무엇을 원하는지를 알기 때문에 구체적인 방법을 찾을 수 있는 것이다. 간절함의 대상이 가지는 가치가 무엇인지 알고 있기 때문에 분주히 뛰어다닌다. 심리학자인 제임스 힐먼은 《나는 무엇을 원하는가》에서 이렇게 말했다.

"그래! 이게 바로 내가 꼭 해야 하는 일이야. 이게 바로 내가 반드시 손에 넣어야 하는 거야. 이게 바로 내 모습이야."

자신의 모습을 찾은 사람은 물불을 가리지 않고 원하는 것을 얻으려 뛰어든다. 그러나 정말로 자신만의 길을 가고 싶다면 그 무엇보다 먼저 자신이 원하는 것이 무엇인지 알아야 한다.

가끔 자신의 진로나 미래에 대한 고민을 코칭 받으러 찾아오는 사람들이 있다. 자신의 고민을 안고 찾아온 사람과 일대일로 코칭을 하는데, 그들과의 대화에서는 공통점을 찾을 수 있다.

'이 사람들은 자신이 왜 목이 마른지, 우물이 어디 있는지 알고 찾아오는 것이구나.'

나도 그랬고, 나를 찾아온 사람들도 그러하듯이 정말로 목이 마른 사람이 반드시 우물을 판다. 집에만 있으면 아무도 몰라준다. 누군가 자신을 쫓아다니면서 어떻게 해 줄 수가 없지 않은가? 그런데 요즘에는 조금만 눈을 돌려도 자신을 도와줄 사람들이 무척이나 많다. 자신이 성공했던 비결이 무엇인지 알려 주려는 사람들이 한둘이 아니다. 그렇다면 적어도 그런 사람들을 찾으려는 노력은 해야 하지 않을까?

자기가 하고 싶은 일을 어떻게 할 수 있는지, 행복해질 수 있는 방법은 무엇인지, 어떤 직업을 가져야 하는지 등은 학교에서 가르쳐 주지 않는다. 학교뿐만 아니다. 그 누구도 나에게 딱 맞는 해법을 제시해 주지 않는다. 그나마 여러 가지 일을 해 보거나 한 분야에서 자리를 잡은 사람들이 '선택지'를 건네주기도 한다. 내가 대학에서 특강을 요청받는 이유이기도 하다. 특강을 나갈 때마다 자주 듣는 말이 있다.

"지금 일이 없어요."

이상하다. 공부를 해야 할 학생이 일 없는 게 고민거리가 된 이 세상이 요지경이긴 하다. 하지만 어쩌랴. 등록금에 생활비까지 감당해야 하는 시절이니 말이다. 할 일이 없다는 하소연을 들으면 늘 이렇게 대답한다.

"학생들이 경력이 없으니 일자리 구하는 게 쉽지 않죠. 혹시 방법을 제안해드려도 될까요? 아주 쉬워요. 가르쳐 주는 대로 하고서 이력서를 가지고 나한테 한번 와요."

아주 쉽다는 말에 졸린 눈이 금세 휘둥그레지며 그 방법이 뭐냐고 물으며 귀를 쫑긋 세운다.

"요즘 편의점이나 할인 마트, 패스트푸드점, 옷 가게 등 곳곳에서 파트 타임 직원을 모집한다는 글을 심심찮게 보죠? 이런 아르바이트를 100개만 하면 돼요. 그럼 거기서 가르쳐 줄 수 있는 모든 노하우를 배울 수 있죠."

학생들은 다시 수군거린다. 그런 아르바이트를 어떻게 100개나 하냐고 고개를 갸웃거린다. 그렇지만 내가 원하는 일자리를 찾으려면 해 봐야 한다. 단순히 아르바이트 급여를 받는 것만 생각해서는 안 된다. 노하우를 배우는 게 우선이다.

커피숍에서 아르바이트를 하면 커피 내리는 과정 전반을 다 배울 수 있다. 옷 가게에서는 물건을 떼 와서 파는 방법, 마트나 편의점에서는 도소매 유통에 대해 알 수 있다. 당장 필요한 생활비를 벌기 위한 아르바이트라고 해도 오로지 돈을 버는 것만 목표로 삼을 필요는 없지 않을까. 아르바이트를 한 금전적 대가와 더불어 경험과 노하우도 자신의 자산으로 만들어야 한다. 그래야 내가 무엇을 원하는지 알 수 있고, 간절함도 생긴다.

많은 학생들이 토익을 비롯한 자격증 스펙만 쌓다가 정작 일자리를 구하면 백치가 되고 만다. 주어진 업무와 관련한 다양한 일을 앞에 두고 허둥지둥할 뿐이다. 많은 경험을 통해 견문을 넓힌 적이 없으니 상상력이 없는 것이다. 그러나 경험을 통해 상상력을 쌓을 수 있다. 설사 불리한 환경이라 해도 다양한 경험을 쌓는 토대가 될 수 있다.

나는 대학에 다닐 때 배가 고파서 구내식당에서 설거지를 하고 식권을 받았다. 영화가 보고 싶으면 영화관에서 아르바이트를 했다. 연극도 포스터를 붙여 주고 표를 받았다. 그러면서 식당 일이나 문화 관련 비즈니스가 어떻게 굴러가는지도 조금이나마 배울 수 있었다.

학생들은 내 이야기를 듣고 "대표님이 그런 것도 하셨어요?"라며 놀란다. 내가 여러 사업체를 가지고 있으니 금수저를 물고 태어난 것처럼 생각했나 보다. 그리고 아르바이트 급여로 얼마나 받았는지를 궁금해한다.

당시 나는 배가 고픈 것을 해결할 뿐 아니라 보고 싶은 것을 볼 수 있었기에 만족했다. 봉투에 담긴 지폐 몇 장보다 더 큰 가치를 얻었으니까.

열정을 강요당하며 말도 안 되는 급여에 만족하라는 게 아니다. 아르바이트를 하면서 어떤 이는 급여에 집착한다. 반면에 자신이 몸담은 업종의 생리를 꿰뚫어 볼 수 있는 통찰력을 키우는 사람이 있다. 이들 중에 누가 성공할까? 힘들게 일한 만큼 대가를 받아야 하는 것은 맞다. 그러나 일한 시간과 받을 수 있는 돈만 계산하면 얻는 게 없다. 그런 돈은 얼마 지나지 않아 다 써 버릴 테니까 말이다.

아르바이트를 할 때 급여만 챙기지 말고 더 가치 있는 경험의 보너스도 챙겨야 한다. 이 보너스는 봉투에 담긴 현금이나 통장에 찍히는 액수가 아니다.

사장이 챙겨 주지도 않는다. 일하면서 본인이 알아서 얻어내야 한다.

다양한 아르바이트 경험과 그들을 통해 이해한 업종의 생리는 켜켜이 쌓여 나만의 자산이 된다. 그래서 아르바이트를 하면서 좇아야 할 가치는 돈만이라고 할 수 없다. 경험의 보너스가 더 가치 있다.

___ 09
인생경험은 성공의
확률을 높인다

　영화 〈굿 윌 헌팅Good Will Hunting〉의 주인공 윌 헌팅은 머리가 뛰어난 천재이다. MIT 학생들도 풀지 못하는 고급 수학 문제를 떡하니 풀어 버리는 이 친구의 직업은 청소부이다. 온종일 공부만 하는 학생들은 교수가 내놓은 문제를 풀지 못하고 있었는데, 윌 헌팅은 학교를 청소하다가 칠판에 적힌 문제를 한순간에 풀어 버리고 만다. 그리고 그깟 문제 하나 풀지 못하냐는 냉소를 짓고는 사라져 버린다.

　윌 헌팅의 재능은 너무나 뛰어나다. 좋아하는 여대생을 두고 하버드 학생들과 지식 배틀을 벌여 잔뜩 무안을 줄 정도로 똑똑하다.

　그런데 이 친구는 삶에 희망이 없다. 공사판이나 학교 청소 등을 전전하며 하루를 보낸다. 머리가 아무리 똑똑해도 당장 내일을 어떻게 보낼지 알 수 없다. 공부 머리가 뛰어나도 공부에 별 기대를 하지 않는다. 삶의 희망을 발견할 수 없는 불안한 청춘에게 공부 머리는 어느 때 필요한 것일까.

미래가 없는 윌과 같은 청춘은 우리 곁에서도 흔히 볼 수 있다. 지금도 하루 종일 도서관에 앉아 공부만 하는 학생들은 미래가 안 보인다고 하소연한다.

일단 취업을 하려고 공부를 열심히 한다. 그런데 무엇을 찾을 것인지, 어떤 것을 찾기 위해 어떻게 노력하고 어떤 경험을 해야 하는지 등 인생과 미래에 대한 물음표가 없다. 꿈을 이야기하자니 너무나 막연해서 싫다고 한다. 성공이라는 것도 돈을 많이 버는 것만이 기준이 될 뿐이다.

요즘 방송이나 신문을 봐도 청춘들의 고달픈 삶이 부각되고 있다. 뭔가 다양한 것을 배워야 할 시기에 오로지 성적과 스펙 쌓기에만 매달린다.

내가 어린 시절에는 공기놀이나 딱지치기 등을 하면서 놀았다. 함께 웃고 울며 몸을 부대끼고 지냈다. 지금은 어떤가.

그저 공부만 한다. 기껏해야 PC방에서 친구 얼굴이 아니라 모니터를 보면서 많은 시간을 보낸다. 공부 머리는 발달했을지 모르지만, 다른 소양이나 능력은 많이 부족하다.

지난 시절에 뛰어놀던 까까머리 세대를 천방지축으로 날뛴 것으로만 봐선 안 된다. 공기를 가지고 놀든, 나뭇가지로 칼싸움을 하든 두근대는 가슴의 에너지를 마음껏 분출했다. 대통령이 되겠다는 포부를 당당하게 밝혔고, 과학자와 장군이 되겠다는 꿈을 안고 열심히 뛰어놀았다. 그리고 함께 어울리며 노는 동안에 삶의 지혜도 저절로 습득했다. 굳이 논리적으로 말을 잘하지 않아도 눈빛과 행동으로 친구에게 인정을 받는 리더로 함께 성장했다.

지금의 젊은 친구들은 예전의 그 어떤 세대들보다 똑똑하다. 지식의 습득량도 엄청나다. 머리의 힘은 커지고 의견을 말하고 반박하는 언변은 뛰어나다.

젊은 친구들과 이야기를 나누다가 깜짝 놀랄 때가 많다. 얼마나 머리가 좋은지 말로 하면 그 친구들을 이길 재간이 없다. 하지만 그 친구들은 내가 부럽다고 한다. 자기들보다 돈이 많아서 부러운 것만은 아닐 테다. 내가 더 많이 살아왔으니 번 돈이야 당연히 많을 것이다. 그들은 돈보다는 마음껏 상상하고, 상상한 것을 현실의 화폭에 그려 나가는 모습을 부러워한다.

나는 그 친구들에게 뭔가 가르친다는 생각은 하지 않는다. 나를 부러워한다고 해서 내가 무슨 대단한 지식을 가지고 있다는 것인 양 유세를 떨지도 않는다. 단지 그들이 공부하는 대상을 조금 바꿔보라고 조언한다. 자신의 머리를 똑똑하게 하는 공부 말고 가슴을 뛰게 하는 공부를 하라고 말이다.

워낙 똑똑한 세대이니 가슴 에너지를 쓰고, 열정을 키우는 방법만 안다면 얼마나 좋겠는가. 우리 세대가 성장한 것보다 두 배, 아니 그보다 더 빨리 더 높이 성장할 것이다.

머리와 가슴이 결합되지 않으면 끝 모를 불안에 시달리게 된다. 누가 더 많이 알고 똑똑한지를 따지는 경쟁에서 무슨 꿈과 희망이 있을까.

당장은 성에 차지 않을 소득에 한숨을 내쉬며, 몇 년 후에 더 큰 사람이 될 가능성과 미래마저 한숨과 함께 날려 버리지는 말자.

지금은 아르바이트를 할 수밖에 없고, 대기업이 아닌 작은 회사에 들어갔다고 해서 낙담만 하지도 말자. 이 모든 게 내 꿈을 이루기 위한 전 단계라 생각하자. 이런 경험은 꿈을 이루기 위해 필요한 자산이다. 일이 어떻게 돌아가는지 꿰뚫는 경험의 능력은 앞으로 든든한 자산이 되어 줄 것이다.

사회 경험이 부족한 청년들이 부모의 경제적인 도움으로 창업을 한다면 무너질 확률은 매우 높다. 이것을 쓰라린 학습의 대가라고 받아들이는 것만 해도 다행이다. 그러나 자신의 돈이 아니니 그런 쓰라림조차 느끼지 못하고 운 탓으로만 돌리는 경우가 대부분이다.

실패를 자신의 탓이라 여기지 않고 똑똑한 머리로 변명만 한다. 길목이 안 좋다느니, 알고 보니 아이템이 구리다느니 하면서 말이다.

그러나 모든 실패는 무엇과도 바꿀 수 없는 큰 의미를 남긴다. 가슴이 아파서 두근대는 심장 박동이나 열정으로 두근대는 박동은 다르지 않다. 실패는 '다시는 실패하지 않겠다.'는 굳은 의지로 내 심장을 세차게 두드린다.

너무나 아파서 또다시 그 아픔을 겪지 않으려는 에너지는 머리가 아니라 가슴에서 나온다. 실패를 하더라도 더 많이 도전해야 하는 이유가 여기에 있다. 그런데 이왕이면 부모님이 어렵사리 지원해 준 귀한 돈을 탕진해 가며 깨달음을 얻기보다는 미리 아르바이트 등으로 인생 경험을 쌓아 실패의 확률을 줄이는 것이 더 낫지 않은가. 용기를 내어 움직여 보자.

10 ___
상상을 현실로
바꾸어야 한다

"한국에서 가장 이해하기 힘든 것은 교육이 정반대로 가고 있다는 것이다. 한국 학생들은 하루 15시간 이상을 학교와 학원에서, 자신들이 살아갈 미래에 필요하지 않을 지식을 배우기 위해 그리고 존재하지도 않는 직업을 위해, 아까운 시간을 허비하고 있다."

들기만 해도 마음이 언짢다. 그럼에도 쉽게 아니라고 말할 수 없는 앨빈 토플러의 뼈아픈 지적이다. 인생을 배우고 자신의 삶을 꾸려 나가기 위한 인문학적 공부가 아닌 직업 훈련, 그것도 '존재하지도 않는 직업'을 위해 훈련한다니 안쓰럽다. 앨빈 토플러가 말한 것 중에서 '존재하지도 않는 직업'이란 말은 예사롭지 않게 들린다. 무용지물에 가까운 과거의 직업에 깃든 지식을 배우는 것을 콕 집은 듯하다.

'미래에 필요하지도, 또 존재하지도 않을 지식과 직업을 위해' 책상과 한 몸이 되는 학생들의 머릿속에는 무엇이 있을까? 아주 어릴 적 꼬마가 마음껏 상상하던 머릿속의 하얀 도화지는 아마 그 자취를 찾기도 힘들 테다. 그보다 정해진 길이라 믿는 수능, 대학, 취업, 연금 등만이 가득할 것이다.

자신이 어떤 꿈을 꾸는지 제대로 알기도 전에 부모의 손에 이끌려 학원을 간다. 부족함 없이 자라고 공부를 해도 꿈의 결핍은 심각하다. 먹을 것도 풍족하고 잠자는 것도 모자람이 없지만, 울타리 밖에 나가면 겁쟁이가 되고 마는 동물원의 사자 꼴이다. 경제적으로 풍요로운 지원이 '나'의 미래를 책임져 줄 수 없다.

영화 〈빌리 엘리어트Billy Elliot〉는 불황에 허덕이는 영국의 탄광촌에서 살고 있는 한 소년의 꿈을 다뤘다. 불황에 파업까지 겹친 빌리의 가족은 당장 하루 먹을거리를 고민해야 한다. 아버지는 빌리에게 권투를 배우라고 했지만 빌리는 우연히 보게 된 발레의 동작들에 반하고 만다. 그리고 실제로 발레를 배우며 점점 더 그 즐거움과 매력에 빠져든다. 하지만 아버지와 형에게 발레하는 것을 들키고, 발레는 남자가 하는 게 아니라는 핀잔을 들으며 잠시 관두게 된다.

빌리는 발레를 포기할 수 없다. 이런 빌리의 간절함과 노력을 알게 된 아버지는 빌리를 런던의 로얄발레스쿨 오디션에 데려간다. 오디션을 마친 빌리에게 심사위원은 춤을 출 때 기분이 어떠냐고 묻는다. 그때의 빌리가 한 말이다.

"몰라요. 그냥 기분이 좋아요. 조금은 어색해도 한번 시작하면 모든 걸 잊게 돼요. 사라져 버리는 듯해요. 내 몸 전체가 변하는 기분이죠. 마치 몸에 불이 붙은 느낌이에요. 전 그저 한 마리의 나는 새가 되죠. 마치 전기처럼."

이 아이는 자신의 꿈을 상상할 줄 안다. 한 마리의 나는 새 혹은 전기처럼 말이다.

하루에도 몇 개씩 학원을 다니고, 가지고 싶은 것은 웬만큼 가질 수 있는 이 땅의 청춘은 어떤가. 미래를 꿈꾸지 못하니 저 대사에 얼마나 공감할지 궁금하다.

동기 부여를 찾지 못하는 현재는 즐길 수가 없다. 현재를 즐기라고 하지만, 내일이 없는 듯 방탕한 쾌락을 즐기라는 게 아니다. 세계 여행을 가고 싶다는 바람이 있다고 치자. 그럼 세계 여행을 가는 자신을 상상하게 된다. 어디를 어떻게 돌아볼지를 미리 그려 본다.

자, 즐거운 상상이 끝났다. 남은 과제는 상상을 현실로 바꾸기 위한 현실적인 준비이다. 돈과 시간을 마련하고 계획을 세운다. 그리고 여행을 떠나는 그날까지 분주하게 뛰어다닐 일만 남았다. 먼저 여행사에 전화를 걸어 비행기 티켓 비용이 얼마인지 물어보자. 인터넷 검색으로 가고 싶은 곳에 대한 정보를 찾아보자. 세계 여행의 간절함이 더 크다면 스타벅스 커피의 달콤한 유혹을 뿌리치고 오늘 5,000원을 여행 자금으로 저금하자.

─ 11
자식은 부모를
보고 자란다

오늘 번 돈으로 오늘을 즐기는 일상에서는 내일을 기대할 수 없다. 내일이 없으니 상상도 할 줄 모른다. 잠깐은 즐거울지 몰라도 삶의 방향은 어디인지 알 수 없다.

길을 떠날 때 가장 먼저 해야 할 일은 방향을 정하는 일이다. 삶도 마찬가지다. 앞으로 어떻게 살지, 무슨 일을 하며 살지에 대한 방향부터 찾아야 한다.

'죽는 그날까지 나는 어떤 일을 하고 살아야 할까?'

'어떤 일을 하면 돈도 벌면서 행복하고 즐거울까?'

이 두 가지의 질문을 떠올리고 대답을 해 보자. 그럼 자신의 인생을 상상하게 된다. 하지만 많은 청춘들이 이런 질문에 "그냥 상황에 맞춰 살려고요."라고 대답한다. 심지어 인륜지대사라는 결혼까지 사랑보다는 상황을 먼저 좇는다.

왜 이렇게 됐을까? 주위의 어른들은 혀를 끌끌 찬다. 그런데 혀를 차는 어른들을 보면 과연 그런 자격이 있는지 되묻고 싶다. 대학 특강이나 평생교육원을 통해 만난 젊은 친구들을 보면서 한 가지 사실을 알게 되었다. 그들 부모 중 80~90% 정도가 꿈이 없었다는 것이다.

"부모는 거울"이라는 말이 괜히 나온 게 아니다. 자식은 부모를 보고 자란다. 말하고 행동하는 것을 보면서 성장한다. 꿈을 가진 부모, 즉 10~20%의 부모 밑에서 자란 아이들은 부모가 꿈을 품고 열심히 정진하는 것을 보면서 자란다. 평생교육원에서 열심히 공부하는 사람들을 봐도 그들은 대체로 자녀들에게도 잘한다. 자신이 알아 가는 것이 재미있다면서 아이들에게도 알려 준다.

부모라면 모두가 이렇게 하고 싶을 테다. 그러나 직장 다니느라, 장사를 하느라 바쁘다며 뭘 알려 주고 가르칠 시간이 없다. 어쩌면 그런 것들을 가르쳐야 하는지도 모른 채 가족들 부양하느라 바쁠 수도 있다. 또 알고 보면, 이분들도 자신의 부모로부터 배우지 못했을 가능성이 매우 높다. 부모와 자식 간에 이루어져야 할 꿈의 대물림이 없는 셈이다.

가난의 대물림, 직업의 대물림은 부모가 가진 돈이나 부모의 직업 수준 때문에 이루어지는 것이 아니다. 가난한 부모도 아이들에게 꿈을 꿀 수 있도록 해 준다면 이런 대물림은 깨뜨릴 수 있다. 부모의 노력이 아니라 혼자서 대물림을 거부하고 성공해서 '개천에서 용이 난' 예는 상당히 파격적인 경우이다.

부모는 자식이 알아서 개천에서 용이 되기를 바라기보다 자신을 되돌아볼 필요가 있다. 내가 꿈이 없어서 내 자식이 이렇게 움츠러드는 건 아닌지 자문해야 한다. 부모가 변하면 자녀가 변한다. 가끔 자식 문제로 나를 찾아오는 부모들이 있다.

"우리 애 좀 어떻게 해 주세요. 취직할 생각도 없고, 공부도 안 하고 미치겠어요."

"제가 자녀분에게 가르쳐 줄 것을 부모님께 먼저 말씀드릴게요. 그것을 자녀에게 직접 가르쳐 보세요."

자신의 아이를 어떻게 해 달라고 찾아왔는데, 정작 부모인 자신에게 뭔가 가르치겠다니 의아하다는 표정이다.

"여기서 아무리 자녀분에게 교육을 해도 집에서 부모님의 행동과 사고가 바뀌지 않으면 아무런 소용이 없습니다."

내가 부모들에게 늘 하는 말이다. 자신들부터 바뀌라고. 부모들은 이런 경험을 하지 못한 세대이니 자신들부터 바뀌어야 한다는 생각을 미처 하지 못한다.

어린 자녀들은 부모들이 모든 것을 다 안다고 생각한다. 뭘 물어보면 대답을 척척 해 주는 만물박사가 따로 없다. 무엇을 하고, 무엇을 하지 마라는 말은 거역할 수 없는 삶의 진리인 듯 보인다. 그런데 점점 자라면서 부모가 사회에서 한없이 작고 힘없는 존재라는 것을 알게 된다. 더 이상 배울 것도, 말을 들어야 할 이유도 없어진다. 그럼에도 부모의 행동과 사고는 여전히 내 삶에 영향을 끼친다.

피는 물보다 진한 법이니까.

부모 스스로 자녀들에게 삶의 방향을 훌륭히 코칭해서 이런 교육이나 과정이 필요 없는 가정은 0.0001%에 불과할 테다. 나머지 99.9999%의 가정을 위해 우리 평생교육원은 부모님을 대상으로 무료 교육을 하고 있다. 돈을 내라고 하면 부모들이 쉽게 문을 두드리지 않는다. 일단 시간만이라도 내서 이곳에서 공부를 하라고 권유한다. 어느 정도 공부를 한 부모들은 대부분 똑같은 반응을 보인다.

"이렇게 좋은 공부를 우리 아이한테도 해 주세요."

나는 이런저런 이유로 바쁜 자녀들이 찾아오기 힘들 테니 집에서 직접 가르쳐 보라고 한다. 부모가 바뀐 모습을 보여 주는 게 더 중요하다고 말이다.

어떤 이유에서라도 뭔가 배우려는 부모들이 조금씩 늘고 있다.

정부나 여러 기관에서 소상공인 교육, 실무 교육 등 다양한 교육 프로그램을 운영하고 있다. 이런 교육을 찾아가서 배운 분들은 삶이 조금이라도 바뀐다. 자신의 삶이 0.001%라도 바뀐 것을 깨달은 부모는 그 깨달음을 자녀에게 고스란히 전해 주려 애쓴다.

당사자인 자녀 중에는 자신의 꿈을 이해하지 못하는 부모와의 불화를 호소하는 경우가 많다. 그렇다면 싸우지만 말고 부모님과 함께 이런 교육을 받으러 찾아가는 것은 어떨까? 부모도 자존심 때문에 자녀의 말을 인정하지 않으려 할 수 있다. 그러니 말싸움과 감정 싸움으로 대립만 하지 말고 부모님의 손을 잡고 밖으로 나갔으면 한다. 교육을 받을 곳이 마땅치 않다고? 그럼 함께 서점에 가서 좋은 책을 서로 골라 주는 건 어떨까.

— 12
달성 가능한
목표를 세워야 한다

꿈을 이루는 과정은 마치 퍼즐 조각을 하나씩 맞춰 가는 것과 같다. 꿈은 복권처럼 한 방에 이루어지지 않는다. 때로는 달팽이의 걸음만큼이나 느릿느릿 걸어가는 긴 여정을 거칠 수도 있다. 수백, 수천 개의 퍼즐을 맞춰야 비로소 꿈이 이루어지기도 한다.

2014년 11월에 프랑스의 한 사이클리스트는 자신의 오래된 꿈을 이뤘다. 사이클리스트 로베르 마샹은 무려 103세의 나이로 100세 이상 부문에서 사이클 신기록을 세웠다. 14살의 나이에 주니어 레이스에 참가하여 우승까지 했으니 그는 분명 재능이 있었다. 하지만 왜소한 체격으로 선수 생활을 계속 이어 가지 못했다. 자신이 꿈꿨던 프로 선수가 되지 못하고 소방관, 와인 딜러 등을 하다가 은퇴했다. 그리고 67세의 나이에 다시 사이클리스트가 됐다. 그는 사이클리스트로서의 자신을 상상하는 것을 멈춘 게 아니다. 오랜 세월 동안 퍼즐 한 조각을 놓치지 않은 덕분이었다.

오래 걸리더라도 퍼즐을 맞추기 위한 상상을 멈추지 말아야 한다. 더딜지라도 그 상상을 통해 지식을 쌓고 준비를 하게 된다. 그러다가 어느 순간 속도가 빨라진다. 상상은 구체적인 그림으로 바뀌고, 퍼즐을 맞추는 결정적인 순간을 맞이한다.

환갑이 넘은 나이에 자전거 안장 위에 다시 앉는 순간, 마샹은 세계적인 사이클리스트가 될 수 있었다. 만약 그가 퍼즐 조각을 잃어버렸다면 그저 꿈을 이루지 못한 회한을 곱씹으며 황혼을 맞이했을 것이다.

상상에 머물던 꿈의 퍼즐은 현실에서 작은 발걸음을 내딛을 때마다 맞추어진다. 상상하는 것만으로는 퍼즐을 맞출 수 없다. 퍼즐의 모양이 맞도록 지식을 쌓고, 발로 뛰고 움직이며 얻는 경험도 갖춰야 한다. 손과 발, 말과 눈으로 보고 겪은 것을 차곡차곡 쌓는 것이다. 그렇게 쌓은 것이 하나하나의 퍼즐 조각이 되어 어느 순간에 맞춰진다.

100개의 퍼즐 조각을 맞춰야 완성되는데, 이제 30개 정도를 맞췄다고 치자. 그게 현실이고 내 삶의 진척도인 셈이다. 아직 70개의 조각을 더 맞춰야 한다는 사실을 받아들이면 된다. 지금 100만 원을 버는 사람이 막연히 10억 원, 100억 원을 벌겠다고 큰소리만 치니 길이 보이지 않는 것이다. 나머지 70개의 조각이 어떤 모양인지, 어떻게 맞춰야 할지 상상하지 못하고 그저 10억 원을 움켜쥔 미래만 그려 보고 100만 원과 10억 원 사이의 간극을 메워야 하는 현실은 돌아보지 않는다.

한 달에 100만 원을 버는 사람이 "1년 동안 500만 원을 모을 거야."라고 하면 퍼즐을 어떻게 맞출지가 보인다. 한 달에 약 42만 원 정도를 저축할 수 있도록 계획하고 실천하면 된다. 이런 사람은 500만 원을 모으고 난 뒤에는 다시 1,000만 원을 모을 수 있다. 가게를 운영할 때도 오늘 하루 10명의 손님을 받겠다고 하면 10명 정도는 오게 만들 수 있다. 그리고 최선을 다한 응대로 인연을 쭉 이어갈 고객을 딱 1명만이라도 만들면 된다. 그 1명이 10명으로, 10명이 100명으로 늘리는 불씨인 셈이다. 100명의 단골이 1,000명의 단골을 끌어올 수도 있다.

내 가게의 문을 열 때의 그 기분은 얼마나 좋을까. 당장 1,000명의 단골을 만들고, 10억 원을 빨리 벌겠다는 행복한 상상을 한다.

그렇지만 그렇게 과도한 목표만을 생각하면 10명이라는 손님 숫자에 기운이 빠진다. 내 능력이 이것밖에 안 되느냐고 푸념만 한다. 1년 목표로 500만 원을 모으겠다고 했는데 이제 250만 원을 모았으면 50%를 채운 것이다. 그런데 1억 원을 목표로 했다면 아직까지 갈 길이 멀 뿐더러 언제 도착할지 알 수 없다. 그래서 언제 그 돈을 다 모으겠냐며 다 써 버리고 만다. 나머지 50%를 채울 퍼즐 조각을 찾으려는 의욕이 사라진다.

꿈은 미래의 퍼즐 그림이다. 그림의 퍼즐을 다 맞추려면, 조각들 하나하나를 전부 모아야 한다. 그 조각들은 지식, 발로 뛰어 얻은 경험, 손과 발과 말과 눈으로 체득한 것 등이다. 이 퍼즐 조각을 모으지 않고 텅 빈 그림판 혹은 다른 사람의 완성된 그림판만 보고 있으니 힘든 것이다. 허황된 목표를 꿈이라 착각해서는 안 된다. 단기간의 목표, 조금은 어렵더라도 달성 가능한 목표를 세워야 한다. 그래야 구체적인 상상을 할 수 있고 퍼즐 조각을 모을 수 있다. 지금 이 순간 목표를 세워보자. 자신의 꿈을 그려보자.

인풋을 얼마나 하느냐에 따라
아웃풋도 달라진다

내가 어릴 때만 해도 저축은 의무처럼 받아들여졌다. 열심히 일해서 돈을 차곡차곡 모으는 재미가 쏠쏠했다. 이자도 짭짤한 덕분에 저축이나 적금은 서민들의 미래를 보장해 주는 든든한 자산이었다. 요즘은 워낙 저금리인 탓에 외면을 받는 실정이지만, 그럼에도 미래를 꿈꾸기 위한 씨드머니(종자돈)의 가치를 완전히 상실하지는 않았다.

요즘은 통장을 볼 때마다 돈을 적립하는 것이 아니라 꿈을 적립하는 것이라는 상상을 하곤 한다. 원대한 꿈을 품더라도 차근차근 밟아 가는 과정을 거치지 않으면 이뤄질 수 없다. 게임을 하더라도 한 판 한 판 미션을 완수해야 마지막까지 갈 수 있지 않은가. 최종 미션을 통과하기 위해 조금씩 내 능력의 자본을 통장에 모아야 한다.

최종 목적까지 다다르려면 단계별 목표와 달성의 과정을 하나씩 이루어야 한다. 그래야 지치지 않고 끝까지 갈 수 있다. 그리고 단계별 목표를 그저 지나쳐 가는 과정쯤으로 생각하지 말고 구체적으로 설정해야 한다. 서울까지 가는데 '천안을 지나 용인을 거치면 도착하겠지.' 하고 막연하게 생각하면 서울까지 언제 도착할지 알 수 없다. 서울까지 가는 길에 휴게소를 몇 번 들를 것이며, 어느 휴게소에서 쉴 것인지 생각하고 움직이는 사람은 효율적으로 시간 관리가 가능하며 원활한 여정을 보낼 수 있다.

꿈의 적금 통장을 만드는 것은 능력과 계획 등을 치밀하게 관리하는 것이다. 능력을 어떻게 쌓고, 또 어떻게 배분할 것인지를 고민하며 꿈에 다가서는 계획을 구체적으로 짠다. 그렇다면 10억 원도 벌 수 있다. 다만 재벌이 아닌 사람은 그만큼 벌 수 있는 시간이 엄청나게 오래 걸릴 뿐이다. 그리고 1억 원과 같은 달성 가능한 목표액은 어렵더라도 조금씩 적금 통장에 꿈을 위한 노력을 모으면 반드시 이루어진다. 오늘 1만 원을 저축했으면 만기액에 그만큼 다가선 것이다. 한 분야의 전문가가 되기 위해 한 권의 책을 읽었으면 이 또한 한 권만큼 꿈에 다가선 셈이다.

"책을 읽지 않는 사람은 평생을 똑같은 수준으로 부지런히 꿀벌처럼 일할 수 있지만, 게릴라처럼 갑자기 출세하거나 사업에 성공하지는 못한다. 평소에 꾸준히 책 읽기를 해서 놀라운 지식과 능력, 그리고 자신감을 가진 자만이 혁명적인 두각을 나타낼 수 있다. 앞으로는 개선 정도로는 안 된다. 그 누구도 상상하지 못한 혁명적인 발상으로 새로운 일을 시작해야 한다는 것이다. 마치 게릴라처럼."

경영 전략 컨설턴트인 게리 하멜의 저서 《꿀벌과 게릴라》의 한 구절이다. 이 책에서 저자는 성실하게 일하는 꿀벌이 아니라 게릴라가 되라고 한다. 그런데 게릴라는 평소에 꾸준히 책을 읽으면서 지식과 능력을 축적한 사람이라고 한다. 인풋(생산 요소를 투입)을 지속적으로 하는 사람이야말로 놀라운 아웃풋(생산 요소를 투입하여 만들어진 재화나 서비스)을 만들어 낸다는 것이다.

지식과 경험의 인풋을 얼마나 하느냐에 따라 아웃풋의 결과도 달라진다. 인풋을 하지 않으면서 아웃풋을 기대하는 사람들이 얼마나 많은가. 인생의 낭비라 할 수 있는 것에 시간과 돈을 쏟아 부으면서 인생에 도움이 될 아웃풋이 없다고 툴툴댄다는 것은 생각이 없고 뻔뻔스러운 짓이다.

14 ―
인풋은 처음부터
거창하지 않아도 된다

물건이나 건물에 감가상각이 있듯이 사람도 감가상각이 발생한다. 나이는 들고 수명은 줄어드는 게 감가상각이다. 그런데 이러한 자연의 생리와도 같은 감가상각은 꿈과 희망에도 적용된다. 또 꿈과 희망이 희미하고 결핍된 사람은 육체적으로도 빨리 노화하는 감가상각을 겪는다. 즉, 인생의 목표가 상실되어 하루하루가 고달픈 일상이 되고 만다.

꿈이나 희망을 상실한 사람은 대개 포기가 빠르다.

외국의 한 군대에서 장거리 행군 훈련을 실시할 때, 일부러 두 그룹으로 나눠서 훈련을 시킨 적이 있다. A그룹은 뚜렷한 행군 목표와 계획, 중간 휴식지와 일일 행군 거리 계산 등을 함께 수립하고 공유했다. 또 다른 B그룹은 무작정 걸으라고 했다.

똑같은 군장을 갖추고 같은 거리의 행군을 했음에도 불구하고 A그룹은 낙오자가 없었던 반면 B그룹은 낙오자가 속출했다. 사전에 행군과 관련한 지식을 습득하고 미리 준비하는 인풋의 과정을 거친 A그룹과 그렇지 않은 B그룹은 동일한 체력과 조건을 갖췄음에도 결과는 사뭇 다르게 나왔던 것이다.

내 인생을 확 바꿔 놓을 수 있는 거창한 꿈과 목표를 세울 수는 있다. 그러나 당장의 현실과 거리가 너무 먼 목표라서 안 된다며 지레 포기하는 사람들이 많다. 하지만 원대한 목표를 잘게 나눠서 하루 단위, 낮은 단계 등으로 실천하는 사람들은 조금씩 꿈에 다가선다. 오늘은 어제보다 더 나은 삶이라는 것에 만족하면서 말이다. 그렇지 않은 사람은 어제나 거의 다름없는 오늘에 실망할 뿐이다.

꿈을 위해 투자해야 할 인풋 중에서 정신적인 인풋은 매우 중요하다. 책이나 강의 등을 들으면서 스스로 조금씩 바뀌는 삶을 실천하는 것이다. 예컨대 '이렇게 말하면 안 되지', '이런 행동은 자제해야 돼'처럼 스스로 채찍질하는 사람은 정신적으로도 조금씩 성장한다.

인풋은 처음부터 거창하지 않아도 된다. 아주 조금씩이라도 꾸준히 인풋을 채워 가면 어느덧 자신이 원하는 아웃풋을 얻을 수 있다.

0.1%씩이라도 지속적으로 인풋 하는 게 중요하다.

미국 필라델피아의 한 벽돌 공장에 존이라는 열세 살의 소년이 일을 하고 있었다. 소년의 집과 직장이 있는 그 마을의 도로는 포장이 되어 있지 않은 탓에 조금만 비가 내려도 진흙탕이 돼 버렸다.

마을 주민들은 비가 올 때마다 매번 투덜대곤 했지만, 빠듯한 마을의 재정 상태로는 어쩔 수 없다는 것을 알고 불편함을 감수할 따름이었다.

열세 살 소년이 하루 종일 벽돌 공장에서 일해서 받는 일당은 그야말로 쥐꼬리만 했다. 그런데 존은 매일 자신의 일당에서 조금씩 떼어 벽돌을 한 장 샀다. 그리고 그 벽돌을 도로에 깔았다. 이 모습을 본 마을 사람들은 존을 비웃거나 애처롭게 바라봤다. 벽돌을 하나씩 까는 게 무슨 의미가 있느냐며 손가락질을 하기도 했다. 그러나 존은 주위 사람들의 냉소에도 아랑곳하지 않고 1년 반 동안이나 벽돌을 계속 깔았다. 그러자 제법 포장된 길 모양새를 갖추게 됐고, 마을 주민들도 존의 노력에 감동하여 동참한 덕분에 마을은 포장된 도로를 갖추게 됐다.

열세 살에 불과했던 존의 벽돌 한 장은 전체 도로의 0.1%도 덮지 못했을 테다. 그렇지만 0.1%의 실천이 흙투성이의 도로를 기어이 포장된 도로로 바꿔 놓았다. 그리고 존을 비롯한 마을 주민들은 편하고 안락한 일상의 행복을 가질 수 있게 됐다.

이 소년은 훗날 미국의 백화점 왕이라 불린 존 워너메이커이다. 존 워너메이커가 미국의 백화점 왕이 될 수 있었던 것도 벽돌을 한 장씩 깔던 노력을 계속했기 때문이리라. 이러한 꾸준한 노력 없이 일확천금을 얻거나 빠른 성공을 거둔 사람들은 무너지는 것도 한순간이다.

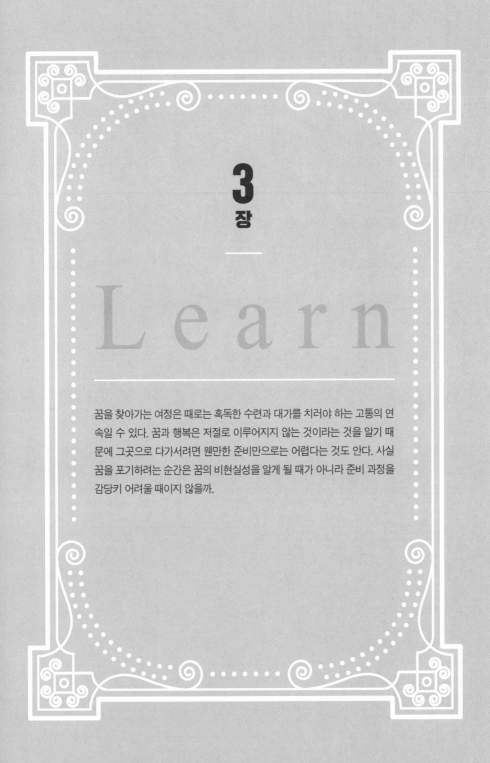

3
장

Learn

꿈을 찾아가는 여정은 때로는 혹독한 수련과 대가를 치러야 하는 고통의 연속일 수 있다. 꿈과 행복은 저절로 이루어지지 않는 것이라는 것을 알기 때문에 그곳으로 다가서려면 웬만한 준비만으로는 어렵다는 것도 안다. 사실 꿈을 포기하려는 순간은 꿈의 비현실성을 알게 될 때가 아니라 준비 과정을 감당키 어려울 때이지 않을까.

Want

Imagine

Learn

Declare

Share

　꿈을 향한 아련한 상상은 지금 겪고 있는 현실의 고통과 궁상을 잠시라도 잊게 해 준다. 하지만 상상은 상상일 뿐, 꿈을 이루기 위해선 오랜 인고의 시간을 보내야 하는 것이 현실이다.

　꿈을 찾아가는 여정은 때로는 혹독한 수련과 대가를 치러야 하는 고통의 연속일 수 있다. 꿈과 행복은 저절로 이루어지지 않는 것이라는 것을 알기 때문에 그곳으로 다가서려면 웬만한 준비만으로는 어렵다는 것도 안다. 사실 꿈을 포기하려는 순간은 꿈의 비현실성을 알게 될 때가 아니라 준비 과정을 감당키 어려울 때이지 않을까.

　꿈을 실현하기 위한 준비의 과정은 다른 말로 '배움'이라 할 수 있다. 세계적인 요리사가 되기 위해서는 좋은 재료를 선별하고 손질하는 법, 조리 도구를 다루는 법, 각 재료의 영양소를 보호하고 보완해 주는 방법 등 배워야 할 것들이 너무나 많다. 모르는 것투성이인 채로 꿈과 행복을 찾는 모험을 떠나는 것은 정글 한가운데에 빈손으로 들어가는 것과 다를 게 없다. 창업을 하려고 책을 읽고, 사람을 만나는 것도 빈손으로 뛰어드는 불안감을 넘어서려는 배움의 과정이다.

꿈과 관련한 배움은 비단 책이나 학교에서만 이루어지는 게 아니다. 여정에서 만난 나그네의 말 한마디에서 우주의 비밀을 알 수 있고, 폐허가 된 유적지를 보고 떠오른 상념이 깨달음을 가져올 수도 있다. 간혹 뭔가에 꽂혀 도서관을 내 집 삼아 책을 파고들 때도 있지 않은가. 어려움과 고비가 기다리고 있을 것이라는 두려움을 극복할 수 있는 방법은 누군가의 도움보다는 자신 스스로 배움을 통해 이겨 내는 것이다.

남들보다 뛰어난 재능을 타고났다고 하더라도 그것만으로는 무언가를 완성하기가 쉽지 않다. 재능만으로 여정의 끝에 도달할 가능성은 거의 없다. 절대 미각을 가지고 태어난 사람이라 할지라도 배움의 과정을 거치지 않고서는 요리사의 꿈을 완성할 수 없다. 독학하여 최고의 요리사가 된 사람도 있다지만 이 역시 책이라는 매개체를 통한 배움, 그리고 실패를 통해 깨달음을 얻는 배움의 과정이 존재한다. 원석은 원석일 뿐이다. 갈고닦는 노력의 과정이 있어야만 결국 보석으로 거듭날 수 있다. 배움이야말로 급격하게 변하는 환경, 위기와 절망의 현실을 이겨 낼 수 있는 궁극적인 솔루션인 셈이다.

꿈을 이루고 싶다면, 먼저 배움의 자세부터 갖춰야 한다. 어설픈 지식이나 능력을 가지고 마치 모든 것을 안다고 덤벼드는 것은 치기

어린 도발일 뿐이다.

　꿈은 당장 일주일 만에 당첨되는 로또 복권이 아니다. 긴 호흡을 하면서 때로는 인내가, 가끔은 거침없는 질주가 필요한 마라톤과 같다. 긴 거리를 뛰어가며 호흡을 조절하는 법을 배우고 익혀야 완주를 할 수 있는 기나긴 과정인 것이다.

01 ___
과감히 우물 안에서
벗어나야 한다

　나는 어릴 때부터 호기심과 새로운 것을 알고자 하는 배움에 대한 열의가 남달랐다. 학문 탐구의 기쁨을 안다거나 빼어나게 공부를 잘했던 것은 아니었지만 누가 시키지 않아도 공부를 열심히 했다.

　배움이 짧았던 부모님께서는 자식들의 학업에 대해서도 그리 신경을 쓰지 않으셨다. 먹고살기에만도 고달픈 상황이라 자식의 공부에 신경을 쓸 여력이 없으셨던 것이다.

　아무도 내 공부에 관심을 기울여 주지 않으니 나 혼자라도 알아서 잘해야 한다는 억척스런 마음이 생겼다. 보이는 것이라곤 산과 논밭, 그리고 드문드문 자리한 집들이 전부인 깡촌인 탓에 제대로 된 학교가 없어 상급 학교 진학을 포기하거나 시내로 나가서 공부를 해야 했다. 당시는 교통편이 좋지 않아 시내에서 학교를 다니려면 자취나 하숙을 해야 했다. 그런데 끼니 챙기기도 힘든 가정 형편에 방을 따로 구하는 것은 언감생심이라 진학을 포기하거나 아니면 나 스스로 살 길을 찾는 수밖에 없었다.

상급 학교 진학을 포기한다는 것은 나 역시 부모님과 다르지 않은 삶을 산다는 의미였기에 무슨 수를 써서라도 배움을 이어 가야 했다. 궁리 끝에 떠오른 것이 잠자리가 해결되는 곳에서 아르바이트를 하는 것이었다. 다행히도 학교 근처 독서실에서 청소와 잡일을 해 주면 잠자리를 제공해 준다기에 나는 한 치의 망설임도 없이 아르바이트를 결심했다.

독서실 아르바이트는 잠자리 해결 외에도 내게 '독서'라는 새로운 세상에 눈뜨게 해 주는 행운을 가져다주었다. 할 일을 다 해 놓고 나면 접수대에 앉아 독서실을 지키곤 했는데, 그때 무료함을 달래기 위해 책을 읽기 시작한 것이다. 독서실 아르바이트 덕분에 나는 중학교, 고등학교를 무사히 마칠 수 있었고, 더불어 독서의 즐거움까지 알게 됐으니 일거양득이 따로 없는 셈이었다.

운과 노력이 잘 맞물린 덕분에 어렵사리 고등학교까지는 마칠 수 있었지만 가난한 시골 농사꾼의 자식이 대학에 진학한다는 것은 어지간한 의지가 아니고서는 힘든 일이었다. 아니나 다를까. 부모님은 내가 고등학교 3학년이 되었을 때 졸업 후 어떤 계획이 있는지를 물으셨다.

"대학교에 가야지요."

"뭐여? 또 공부를 한다고?"

고등학교를 졸업하면 취직을 하거나 부모님의 농사일을 도울 것이라 기대하셨던 부모님은 내가 대학에 가고 싶다고 하니 황당해하셨다. 그리고 끝끝내 내가 뜻을 굽히지 않자 급기야는 이장님까지 모셔 오셨다. 마을의 이런저런 일을 이끄시는 분이다 보니 우리 부모님을 비롯한 동네 사람들은 이장님이 가장 똑똑하고 현명한 분이라 생각하셨다.

"뭐 하려고 공부를 또 하냐? 얼른 일을 해서 집에 한 푼이라도 보태야지. 농사일은 힘이 많이 드니 비닐하우스 같은 걸 해 봐라. 요즘은 비닐하우스 한두 동이면 농사짓는 것보다 훨씬 수월하고 돈도 많이 벌지."

"거 봐라. 이장님도 대학은 갈 필요가 없다고 하시잖냐."

그분들의 대화를 듣고 있자니 답답하기만 했다. 그분들은 당신이 볼 수 있는 시야에서 최대한 많은 것을 내게 가르쳐 주셨지만 결국 그것은 조그만 우물 안에서 보이는 세상의 모습일 뿐이었다. 우물 밖 세상이 얼마나 크고 경이로운지를 어렴풋이나마 느끼고 있던 내게 그 말이 귀에 들어올 리 없었다. 나는 어떻게든 대학에 진학해서 서울이라는 큰 세상을 만나고 싶었다.

누군가에게 조언을 해 주고 도움을 주고 싶을 때 사람은 자신이 가지고 있는 정보의 범위 안에서 최고를 이야기한다. 마을의 이장님 역시 당신이 가지고 계시는 최고의 정보와 지혜를 내게 주셨지만 사실상 내게 별다른 도움이 되지는 못했다. 이장님의 정보는 그분의 울타리 안에서나 최고의 것이지 그 울타리를 벗어난 세상에서는 그렇지 못했다. 내가 더 큰 공동체, 더 전문적인 사람을 찾는 이유가 바로 이것 때문이다.

　대학에 진학한 후 학비와 생활비를 벌기 위해 시작한 과외가 실력을 인정받아 규모가 확장되면서 나는 서울의 중심부라 할 수 있는 강남으로 진출하게 되었다. 그곳에서 나는 부자들이 사는 세상을 조금씩 엿볼 수 있었다.

　이전까지 나는 부자들은 돈이 되는 고급 정보 등의 성공 비결을 남들이 알지 못하게 혼자 꽁꽁 쥐고 있을 것이라 생각했다. 하지만 그들도 그들만의 네트워크에서 정보를 교류하면서 상생하고 있었다. 예컨대 투자 가치가 있는 땅이 나왔을 때 네트워크를 통해 정보를 나누어 주는 등 도움을 준다. 과외만 하더라도 내가 아이들의 성적을 향상시켜 주니 그들은 친한 학부형들에게 정보를 나눠 주며 나에게 과외를 받으라고 권했다. 이런 현상을 지켜보며 나는 고급 정보를 얻기 위해서는 그런 고급 정보를 교류하는 사람들 틈에 있어야 함을 깨달았다.

　내가 20대부터 여러 개의 사업체를 운영하며 나름의 성공을 거둘 수 있었던 이유도 사업을 하며 만나게 되는 사람들, 즉 다른 사업가들로부터 도움이 되는 정보들을 많이 접할 수 있었기 때문이다. 평생을 시골 촌구석에서 농사만 지으셨던 부모님은 내게 장사나 사업에 관한 정보를 줄 능력이 되지 않으셨다. 하지만 우물 안 세상에서 벗어나 좀 더 넓은 곳으로 나와 다양한 사람들을 만난 덕분에 나는 더 나은 정보를 얻을 수 있었다. 그리고 이후 더 큰 배움을 위해 더 크게 성공한 사람들의 책이나 강연 등을 통해 고급 정보들을 취합할 수 있었고, 나만의 방식으로 활용할 수 있는 힘까지 생기게 되었다.

"어떻게 하면 돈을 많이 벌 수 있어요? 어떻게 하면 성공할 수 있을까요?"

많은 청년들이 내게 이런 질문을 하지만 안타깝게도 절대적인 성공 방식은 없다. 다른 이들의 성공 방식을 취합하여 내 방식을 만들어야 한다. 다른 이들의 성공 방식을 엿보기 위해서는 무엇보다도 우물 밖 세상으로 나와야 한다. 그래서 나는 청년들에게 성장을 바란다면 "네 울타리부터 박차고 나와라."라고 조언한다. 울타리 안에서 얻을 수 있는 정보는 많지 않고, 이미 울타리에 머물러 있는 동안 충분히 얻었을 테다. 그렇다면 울타리를 나와 더 큰 세상에서 사람들을 만나고 책과 강연을 통해 정보를 얻고, 다양한 체험들을 통해 그것을 내 것으로 만들어 가면 된다.

물론 그들이 들려주는 정보와 지혜들은 그들의 그릇 안에서 최선을 다한 정보일 테다. 하지만 그보다 더 나은 정보와 지혜를 전해 줄 사람들은 세상에 얼마든지 많다. 그러니 절대적인 맹신보다는 그저 참고하고 취합하여 나한테 맞는 방식을 찾으면 된다. 고기도 자주 먹어 봐야 그 맛을 제대로 아는 것처럼 많은 사람들을 만나고 그들의 이야기를 듣다 보면 올바른 정보를 선별할 수 있는 능력이 서서히 생겨난다.

02

경험은 최고의
인생 스펙이다

　성공을 바라는 청년들에게 나는 "고생을 많이 해 봐라."라고 조언한다. 이때의 고생이란, 단순히 노동의 의미에서의 고생을 말하는 것이 아니다. 다양한 사회 경험과 인생 경험을 이야기하는 것이다.

　첫술에 배부를 수 없고, 드높은 성의 꼭대기에 오르기 위해서는 한 계단 한 계단 차근차근 올라가야 한다는 것을 알면서도 청년들은 한 번에 만족스러운 결과를 얻기를 바란다. 대학 등록금 등으로 이미 빚쟁이가 되어 버린 그들의 안타까운 심정도 이해가 가지만 그럴수록 차근차근 정도를 걸어야 한다. 성공의 속도와 크기에만 집착하다가 얼마 가지 못해 고꾸라지는 사람들이 얼마나 많은가.

　"고생을 많이 하라고요? 대학에 진학하고 그곳에서 공부를 하고, 취업을 위해 토익 점수를 확보하느라 그토록 고생을 했는데 무슨 고생이 더 필요하죠?"

취업을 위한 만반의 준비를 끝냈는데 무슨 고생을 더 하라는 것이며, 그토록 고생을 했는데도 왜 회사는 자신을 뽑지 않는 것이냐며 하소연하는 청년들이 많다.

자신이 바라던 회사에 취직이 되지 않는다고 해서 마냥 한탄만 하고 있을 것이 아니라 작고 낮은 곳에서부터 조직을 경험하고 사회를 경험해 볼 필요가 있다. 내가 취업을 바라는 청년들에게 말하는 고생은 다양한 아르바이트나 인턴 활동 등을 통한 실전에서의 경험을 의미한다.

대학생들이 학비나 생활비를 벌기 위해 아르바이트를 하는 것은 더 이상 낯선 풍경이 아니다. '워킹던트Working+Student'라는 신조어가 등장할 정도로 일과 학업을 병행하는 청년들이 늘고 있다. 현대경제연구원에서 2015년에 실시한 한 조사에 따르면, 15세에서 29세까지의 청년층 중 학업과 아르바이트를 병행하는 사람이 10년 사이 10% 이상이나 증가했다고 한다.

아르바이트를 통해 사회를 미리 체험해 보는 일은 단순한 돈벌이 외에도 많은 의미를 가진다. 우선, 땀을 흘리며 근면하게 일함으로써 숭고한 노동의 가치를 알 수 있다. 또한 조직의 생리를 파악하고 구성원들과의 화합과 소통을 통해 그곳에 적응하는 방법을 배울 수 있으며, 나아가 조직을 이끄는 방법까지도 깨우칠 수 있다.

햄버거 가게에서 일을 하면 최소한 햄버거 만드는 방법, 고객을 응대하는 방법들을 알게 될 것이다. 유통업계에서 일을 하면, 유통업의 흐름뿐만 아니라 상품의 계약과 물류, 배송 등을 알게 된다.

또 여러 관공서에서 아르바이트를 하면, 나중에 창업하거나 직장에서 일할 때 적어도 행정적인 업무에 대해서는 상대적으로 수월할 것이다.

이런 다양한 아르바이트를 통해 쌓은 경험은 취업에 상당한 도움이 된다. 실제로 최근에는 많은 회사에서 서류상의 스펙보다는 이러한 현장에서 쌓은 경험과 노하우를 중요한 가치로 여기는 추세다. 기업의 인사 담당자나 경영자는 많은 사람들과 관계를 맺어 왔기 때문에 직감적으로 안다. 그냥 이론적으로 배운 이야기를 주절거리는 것인지, 아니면 경험에 의해 체화된 진짜 이야기를 하는지 말이다.

뿐만 아니다. 다양한 세계에서 맛보는 경험과 지식들은 그동안 학교라는 울타리 안에서는 미처 깨닫지 못했던 삶의 지혜들도 알게 해준다. 그래서 취업 이후 조직 생활을 할 때도 이러한 경험이 살아 있는 생생한 지식이 되어 남다른 노하우로 발현되는 경우가 많다. 게다가 자신이 희망하는 회사의 취업을 기다리기까지 경제적으로도 도움이 되니 조급한 마음을 다스릴 수 있어 취업 후 잦은 이직을 미연에 방지할 수 있다.

한편 창업을 계획하고 있다면 더더욱 이러한 사전 경험이 필요하다. 책이나 교육을 통해 관련 지식을 쌓는 것 못지않게 중요한 일이 경험의 지식을 쌓는 것이다. 이때 통계나 자료에 의존하는 사전 조사나 대충 둘러보는 현장 경험은 별다른 도움이 되지 못한다. 대신 다양한 아르바이트나 인턴 활동을 통해 미리 조직과 사회의 경험을 쌓는 과정이 필요하다. 밑바닥부터 시작해 차근차근 겪어 보는 실질적 경험은 자본금 못지않은 사업의 든든한 자양분이 되어 주기 때문이다.

내가 중·고등학교 시절 독서실에서 아르바이트를 하고, 대학 시절 과외를 한 일, 그리고 졸업 후 호프집을 비롯해 생활정보신문, 지역신문사, 가구종합판매점 등의 여러 사업을 한 것은 단편적으로만 보면 별일 아닌 것처럼 보인다. 하지만 그것들은 내 인생에 수많은 점이 되어 힘차고 굵은 선을 만들어 주었고 지금의 나를 완성시켜 주고 있다.

한편, 아르바이트를 통해 취업이나 창업에 좀 더 도움을 얻기 위해서는 자신이 진로를 정한 분야를 집중 공략하는 것도 좋다. 예컨대 패스트푸드점을 창업하는 것을 목표로 한다면 여러 패스트푸드점에서 아르바이트 경험을 쌓는 것이 도움이 된다. 또 커피숍을 창업하고 싶으면 프랜차이즈 커피숍이나 개인 커피숍 등에서 아르바이트를 해서 그 경력과 경험으로 내공을 키워 두면 실제로 창업했을 때 더욱 경영을 잘할 수 있다.

당장의 취업이나 창업은 힘들지만 미리 그 업계에서 경험을 해둠으로써 자신의 꿈과 목표에 한 발짝 다가섰다는 자신감과 만족감을 얻을 수 있다.

인생을 살아가면서 누구나 성공을 꿈꾼다. 그 성공의 조언자 및 멘토는 바로 자신의 경험이다. 그 어떤 책이나 스승보다 내가 몸소 체험한 것들은 내 인생의 가장 든든한 조언자가 되어 줄 것이다.

사실 나는 지금도 그런 경험들을 더 많이 해 보고 싶지만 나이가 제한되어 있으니 다 받아 주질 않는다. 그에 비하면 청년들은 젊음이라는 무엇보다 강력한 무기가 있다. 젊은이들은 열심히 하겠다고만 하면 배울 수 있는 다양한 기회들이 있다. 하지만 내가 이런 진정성 있는 조언을 해 주는데도 그들은 취업 욕심 내지 말고 그냥 아르바이트나 하라는 의미로 들리는지 더욱 시무룩한 표정이 된다.

아르바이트를 회사에 정규직으로 취업하는 것과 비교 선상에 올려놓고는 '너는 능력이 안 되니 힘들고 단순한 일자리에서 일해라.'라는 뜻으로 해석해서는 안 된다. 자신의 꿈을 이루기 위해 학교를 다니며 열심히 공부를 하듯이 아르바이트도 꿈을 이루는 과정의 일환으로 생각해야 한다. 내가 바라던 온전한 직장에 취업하기 위한 전 단계로 봐야 하는 것이다.

이처럼 경험이라는 안내자는 학교나 학원이 미처 가르쳐 주지 못한 살아 있는 지식을 전해 주고, 나아가 꿈을 실현시키는 길로 우리를 인도해 줄 것이다.

03 ___
정성을 기울여
인간관계를 형성해야 한다

　20여 년 만에 연락이 온 친구가 있었다. 학창 시절 그리 친했던 친구는 아니었지만 오랜 세월이 지나도 나를 잊지 않고 기억해 준 마음이 고마워 만나자는 친구의 제안에 선뜻 그러자고 했다. 어색한 인사말이 몇 마디 오간 뒤 그는 내게 보험 가입 서류를 내밀었다. 알고 보니 보험 영업을 하기 위해 친구의 친구, 또 그 친구의 친구까지 찾아가며 연락을 한 것이었다.

　그 친구는 보험 상품에 대한 상세한 설명도 없이 그저 친구끼리 서로 도우며 살아야 하지 않겠느냐는 논리로 내게 보험 가입을 종용했다. 이미 필요한 보험은 모두 가입한 상태라 거절할 수밖에 없었는데 서운함을 넘어 화가 난 표정으로 자리를 박차고 일어나는 그의 모습에 나 역시 씁쓸한 마음으로 돌아섰다.

　사람과의 관계는 꽃을 키우듯 정성을 기울여야 한다. 물이나 양분도 주지 않고 다듬지도 않으면서 향기롭고 아름다운 꽃을 기대하는 것은 욕심이다. 개중에는 수십 년간 연락조차 하지 않으면서도 어린 시절 친구였다는 이유만으로 "우리가 남이가?"를 외치는 사람들이 있다. 그들은 전화번호부에 등록되어 있다는 이유만으로 상대를 '인맥'이라 칭한다.

　그들은 인맥도 다다익선多多益善이라며 직장 동료나 동문은 물론 인터넷을 통해 여러 동호회 등에 가입해 무분별하게 사람을 만나고 다닌다. 다양한 사람을 만나 다양한 정보를 교류하겠다는 좋은 의도도 있겠지만 대부분은 영업적인 이득을 구하기 위한 예비 고객으로 전화번호를 등록해 놓는 경우가 많다. 자신의 업을 위한 노력으로 볼 수도 있겠지만 상대에게 정성을 기울이지 않을 바에는 이 역시 시간과 에너지 낭비에 불과하다.

　나 역시 한때는 많은 사람들을 만나 문어발식 인맥을 형성해 나갔다. 사업을 하려면 모름지기 인맥이 넓어야 한다고 생각한 것이다. 하지만 그것이 얼마나 피곤하고 영양가 없는 일인지를 느낀 이후로는 나와의 인연을 소중히 여기는 이들에게 먼저 나의 온 마음과 정성을 쏟는다. 인간과 인간이 교류하는 진정한 '관계'의 의미를 깨달은 것이다.

　단순히 친목의 의미로 사람을 만나는 경우도 있지만 대부분의 인간관계는 이익으로 연결되어 있다. 나를 비롯한 대다수의 사람들은 단골로 가는 식당에 가서 밥을 먹고, 친구가 경영하는 커피숍에 가서 커피를 마시며, 기왕이면 아는 사람이 판매하는 물건을 산다.

경영자 입장에서 볼 때 상대에게서 얻는 이익은 당장 1만 원, 2만 원에 불과하다. 하지만 상대와의 관계를 성실히 유지하여 10년, 20년이란 오랜 세월을 단골로 유지할 수만 있다면 그 이익은 상당하다. 그리고 꾸준히 그 가치를 보장해 주는 관계가 많으면 많을수록 장사나 사업은 안정적으로 유지되며, 마침내 성공 가도를 달릴 수 있다.

"그렇게 한 푼 두 푼 모아서 언제 돈을 모으고 성공을 해요?"

더 빨리 돈을 벌기 위해 상대에게 큰 것만을 원하는 사람들이 있다. 그래서 더 큰 이익을 남기는 비싼 제품을 권하고, 상대에게 그리 필요하지도 않은 것을 억지로 강매하고, 심지어는 사기를 치기도 한다. 당장은 수십 배, 수백 배의 이익을 취할지 모르지만 결국엔 사람도 잃고 돈도 잃게 된다. 황금알을 낳는 거위의 감사함을 잊은 채 배를 갈라 많은 황금을 빨리 취하려다 결국 매일매일 꾸준히 얻던 황금마저도 잃게 되는 꼴이다.

"친구가 네트워크 마케팅이라는 걸 같이 해 보자는데 어떻게 생각하세요?"

창업 상담을 오시는 분들 중에는 자본금이 부족해 당장 사업을 시작할 여건이 안 되는 분들도 많다. 답답한 마음에 여기저기 조언을 구하고 정보를 얻으러 다니는데, 그러다 보면 위험한 유혹에 빠져드는 경우가 종종 있다.

네트워크 마케팅이라는 그럴듯한 이름으로 포장된 이른바 다단계 사업은 '1년 만에 1억 원을 번다.'와 같은 황당한 구호처럼 위험하기 짝이 없다. 그럼에도 이것을 권하는 사람들은 친구나 이웃, 또는 인터넷 동호회 활동 등을 통해 알게 된 지인들이다. 이들의 권유로 처음에는 뭐가 뭔지 몰라 슬쩍 발을 들여놓지만 이내 크고 작은 손해를 입게 돼 후회의 한숨만 내쉬게 된다.

이처럼 내 등을 쳐먹으려는 사람들을 멀리하기 위해서는 자신이 맺은 인간관계의 가치를 새롭게 정립할 필요가 있다. 문어발식으로 인맥을 형성하려는 사람들 옆에는 비슷한 사람만 모여들기 마련이다. 상대 역시 나를 수많은 문어발 중 하나로 여기기 때문에 '큰 거한 건'만 하고는 금세 폐기 가능한 인맥 리스트에 나를 올려 둔다.

'1년 만에 1억 원'과 같은 한탕주의에 눈이 먼 사람들은 인간도 자신의 돈벌이를 위한 도구로 이용하는 경향이 높으니 아예 근처에도 가지 말아야 한다.

좋은 사람을 옆에 두려면 나 역시 좋은 사람이 되어야 한다. 상대에게 변함없이 정성을 기울이고 마음을 주어야 한다. 수만 명의 인맥을 만들어도 소홀히 하거나 일회용으로 여긴다면 그들은 그저 내 인생에 지나가는 행인에 불과하다. 꽃을 키우듯 나날이 정성을 기울이는 것이 진정한 인맥을 만들 수 있는 비법이다. 이러한 인간관계의 기본만 잘 지키면 사업이나 직장에서도 진정한 내 편을 많이 만들 수 있다.

"원장님, 원장님은 어떻게 사업을 이처럼 크게 키우셨어요?" 하는 질문을 받는다.

나 역시 이러한 인관관계의 기본을 지키며 사는 덕분에 사업적인 성과도 얻을 수 있었다. 나는 기존의 고객들에게 무엇을 더 줄 수 있을까를 항상 고민한다. 신규 고객이 오면 감사한 일이지만 그 감사함이 기존 고객을 향한 감사함을 뛰어넘을 수는 없다. 그럼에도 많은 사람들이 이러한 관계의 기본을 잊은 채 기존 고객은 이미 확보된 고객이라고 편안하게 생각하고 신규 고객을 잡기 위한 마케팅에만 집중한다.

언젠가 한번은 동창이 식당을 개업했다고 해서 지인들을 모시고 일부러 그곳을 찾은 적이 있다. 음식 맛도 괜찮고 서비스도 좋아서 먼 거리에도 불구하고 몇 번 더 그 식당을 찾았다. 그런데 갈 때마다 점점 더 서비스의 질이 떨어지는 것이었다. 어느 날은 홍보 전단을 돌렸는지 신규 고객들이 많이 와 있었는데 가게 사장인 동창 녀석은 그들을 대접하느라 내겐 고개만 까딱한 것이 전부였다. 반찬의 양이나 가짓수도 확연히 줄어 있었고, 음식도 늦게 나와 모시고 갔던 분들께 죄송한 마음이 들 정도였다. 이후로는 아예 그 가게를 찾지 않는다.

나는 사업을 하는 사람이라 그런지 사람에게 정성을 기울이지 않는 이들과는 길게 인연을 이어 가지 않는다. 멀리서 일부러 찾아간 단골보다는 새롭게 유치한 고객에게 정성을 기울인다면 그 가게는 수시로 신규 고객을 모집하지 않는 한 유지가 힘들다.

내 가게를 찾는 고객의 수가 중요한 것이 아니다. 10만 명의 고객이 내 가게를 찾아도 그들이 일회성이라면 미래를 기약할 수 없다.

신규 고객 10만 명보다 단골 100명이 더 중요하다. 장사든 사업이든 친분이든 결국 사람들은 관계성을 따진다. 내가 얼마나 존중받고 있느냐를 따지면서 관계를 맺는다. 그 관계를 중요하게 여기면 성공할 수 있다. 굳이 신규 고객을 모집하기 위해 광고를 하지 않아도 단골 100명이 사람들을 모은다. 그들에게 꾸준히 정성을 기울이는 것이 더 효과적인 투자인 셈이다.

내 가게를 잊지 않고 찾아 주는 감사한 그들에게 정성을 아끼지 않고 꾸준히 마음을 전해야 한다. 머릿속으로 그들이 올려 줄 수익을 계산할 것이 아니라 그들에게 뭔가 더 줄 수 있는 것이 없는지를 고민해야 한다. 굳이 홍보 전단을 뿌리지 않아도 알아서 와 주는 고객인 만큼 잊지 않고 감사한 마음을 표현해야 한다. 예컨대 치킨집이라면 남들보다 닭다리라도 한두 개 더 주고 음료수 서비스도 아까워해서는 안 된다. 그리고 잊지 말아야 할 것은 감사의 인사다.

일부러 찾아와 줘서 너무나 감사하다는 그 마음을 꼭 전해야 한다. 일반적으로 광고비가 수익의 10~20% 정도의 수준으로 나가는데, 그만큼을 아껴 주고 매출을 올려 줬으니 알아서 대우를 해 줘야 한다. 그러면 상대는 그 이상으로 마음을 보여 준다. 만족스런 대접을 받고 가니 다음에 다른 사람들을 데리고 또 오는 것이다. 배달음식점도 마찬가지다. 매장에 직접 와서 얼굴을 맞대는 것은 아니지만 주문했던 집을 기억하고 재주문이 들어올 때 잊지 않고 서비스 음식 등으로 그 감사함을 표현하면 단골이 될 확률은 훨씬 더 높아진다.

숫자만 더해 주는 가짜 인맥은 수십만 명이 되어도 아무런 소용이 없다. 꾸준히 정성을 기울이는 관계를 맺은 사람이 얼마나 있느냐가 중요하다. 나는 창업을 상담하러 오는 분들께 꾸준히 가게를 찾아 줄 수 있는 진정한 인맥이 1,000명만 되면 당장 개업을 해도 된다고 조언한다. 그들이 1만 원, 2만 원의 수익을 꾸준히 올려 줄 텐데 걱정할 일이 무엇이겠는가.

취업도 마찬가지다. 학교를 다니거나 아르바이트를 하면서 진짜 인맥을 1,000명 만들어 놓은 사람이 있다면 내가 사장이어도 그를 뽑는다. 그가 우리 회사에 들어오면 1,000명의 고객이 절로 늘어나니 토익 점수 만점인 지원자보다 훨씬 더 우수한 인재인 것이다. 인맥 한 명이 매달 1만 원씩만 수익을 올려 줘도 1,000명이면 1,000만 원의 수익이 나니 그는 자신의 월급 이상의 가치를 회사에 창출해 주는 셈이다.

이처럼 나의 진짜 인맥은 최고의 자본이 되어 줄 테니 인간관계의 가치를 소중히 여겨 항상 진정성 있게 그들을 대해야 한다. 진정으로 그 누군가를 내 편으로 만들고 싶다면 먼저 내 자신이 그의 친한 친구임을 확신할 수 있도록 믿음을 줘야 한다. 사람과 사람의 관계는 씨를 뿌린 대로 돌아오기 마련이다.

사람이 자산이라는 것은 인류 역사를 통해 끊임없이 검증됐다.

단지 좋은 인맥을 구한다는 것 말고도 사람들을 통해 배우는 게 크다는 이유도 있다. 교과서에 실리지 않은 주옥같은 삶의 지혜를 생생하게 배울 수 있으니 이보다 더 좋은 자산이 어디 있겠는가.

04

가장 사람하는 사람들,
사랑하는 사람들, 좋아하는 사람들

"짜증 나 죽겠어요! 친구가 전화로 밤새 다른 친구들의 욕을 해대는 통에 한숨도 못 잤어요."

언제가 여직원이 퀭한 눈으로 출근을 해서는 지난밤 쌓인 스트레스 주머니를 풀어냈다. 평소 남의 험담을 잘 하고 다녀 가까이 하고 싶지 않은 친구라 그 피로감이 더욱 크다고 했다.

"바쁘다고 그냥 끊지 그랬어요?"

내 말에 여직원은 마음은 굴뚝같았지만 친구가 서운해할까 봐 그러지 못했다고 했다.

"가까이하고 싶지 않은 친구라면서요. 게다가 남의 사정은 생각도 않고 밤새 전화통 붙잡고 있는 매너 없는 친구인데 좀 서운해하면 어때요."

"그러게요. 제가 맺고 끊는 게 좀 약해서요. 앞으론 좀 더 확실하게 의사 표현을 해야겠어요."

미래학자 앨빈 토플러는 그의 저서 《미래 쇼크》에서 대인 관계를 증대시키기 위해서는 관계를 맺는 것뿐만 아니라 끊을 줄 아는 능력도 필요하다고 했다. 함께하는 것이 즐겁지 않고 행복하지 않은 상대와 관계를 지속하는 것은 스트레스만 쌓이게 할 뿐이다. 그런 사람과의 관계를 끊으면 그 시간과 정성을 함께하면 즐겁고 행복한 사람에게 쏟을 수 있다.

"친구가 많다는 것은 친구가 전혀 없다는 것이다."라고 했던 아리스토텔레스의 말처럼 많은 사람과 좋은 관계를 유지한다는 것은 진실한 관계를 유지하는 이가 단 한 명도 없다는 말과 다르지 않다.

그래서 사람과의 관계도 선택과 집중이 필요하다.

우리에겐 시간과 돈은 물론 체력과 열정마저도 한정되어 있다. 게다가 사람의 마음이란 것은 상대에 따라 더 가기도 하고 덜 가기도 하며, 심지어는 아예 돌아서 버리기도 하는 것이 아닌가. 때문에 모두에게 잘하려 애쓰기보다는 자신의 자연스러운 마음을 따르며 진정성 있는 관계를 유지하는 것에 집중해야 한다.

나 역시 많은 사람에게 '좋은 사람' 소리를 듣기를 바라던 때가 있었다. 여러 개의 사업체를 운영하며 친구나 선후배, 친인척들에게 내 사업체의 운영을 맡기거나 일자리를 만들어 주기도 했다. 또 사업을 하면서 알게 된 사람들이 내게 이런저런 부탁을 해 오면 웬만해서는 다 들어 주었다. 상담을 바라거나 속상한 이야기를 하러 와도 거절하지 않고 응해 주었다. 그들을 서운하게 하는 것이 꺼림칙하기도 했지만 무엇보다도 나는 많은 사람에게 '좋은 사람'이고 싶었다. 하지만 이런 내 마음과 달리 돌아온 것은 대부분 더 해주지 않는다는 비난과 배신이었다.

이런 시행착오의 과정을 겪으면서 내가 깨달은 것은 모든 사람들을 다 만족시키고 좋은 사람이 된다는 것은 오만에서 비롯된 착각이라는 사실이었다. 게다가 그런 오만한 착각 속에 빠져 있는 동안 가장 소중한 내 가족, 그리고 나를 믿고 따랐던 친구들과 동료들은 나에게 서운함을 느끼고 마음이 저만치 떠나가고 있었다.

이런 일을 겪고 난 후부터 나는 사람들을 크게 세 부류로 나누게 되었다. 가장 사랑하는 사람들, 사랑하는 사람들, 좋아하는 사람들이 바로 그것이다. 가장 사랑하는 사람들은 내가 온 마음을 다해 정성을 기울일 가치가 있고 실제로 그렇게 하고 있는 사람들이다. 물론 그들도 나의 정성에 감사하며 그들 역시 온 마음을 다해 나에게 정성을 기울여 준다. 가족, 친한 친구, 직장 동료, 사업 파트너 등이 여기에 속한다. 이들은 내가 뭐라고 따로 말하지 않아도 알아서 서로에게 잘한다. 그리고 내가 조금만 코칭과 조언을 해 주면 큰 깨달음을 얻고 호응하며 실천으로 옮긴다.

사랑하는 사람들은 이른바 '관리'를 해 줄 필요가 있는 사람들이다. 그들은 시켜야 일을 하는 사람들이다. 코칭과 조언이 아닌 설득의 단계까지 가야 마음이 움직이는 사람들이라 함께하면 시간이나 에너지가 많이 소모된다.

한편 좋아하는 사람들은 알려주고 시켜도 안 하는 사람들이다. 뭐든 부정적인 태도를 보이고, 안 하려고 하고, 하더라도 억지로 하는 사람들이다. 함께 있으면 나까지도 힘이 빠지게 되어 그다지 함께하고 싶지 않은 사람들이다. 나와 지금은 맞지 않는 사람들이기 때문에 그저 형식적인 관계 정도만 유지해도 된다.

이런 확실한 분류 기준을 정해 둔 이후로 누구에게 에너지를 쏟아야 할지가 눈에 들어왔다. 내가 나의 온 정성을 쏟아야 할 사람들은 '가장 사랑하는 사람들'이다. 그들은 나와 함께 생산적이며 긍정적인 결과를 창출해 내고, 그로 인해 나를 즐겁고 행복하게 만든다.

그럼에도 많은 사람들이 "미운 사람에게는 쫓아가 인사한다."는 속담처럼 '좋아하는 사람들'에게 가장 많은 시간을 투자한다. 이런저런 트집을 잡으며 애를 태우는 손님을 설득하고 응대하느라 내 가게를 자주 찾아 주는 단골에겐 고개만 까딱할 뿐이다. 늘 나를 믿어 주고 응원해 주는 절친한 친구는 '무소식이 희소식'이라며 가뭄에 콩 나듯이 연락하면서 나에 대해 부정적인 말을 퍼뜨리는 친구는 이미지 관리를 위해 밥도 사고 술도 산다. 친구, 동료라는 허울로 맺어진 사람들에게 부정적인 이야기를 듣거나 혹은 나의 이미지가 부정적이지 않을까 하는 쓸데없는 걱정 때문에 시간을 허비하는 것이다. 이런 허튼 데 시간과 에너지를 쓰다 보니 정작 '가장 사랑하는 사람'들에게는 소홀히 하게 되는 것이다.

"친구면 모두 가장 사랑하는 사람들 아니에요?"

가장 사랑하는 사람들, 사랑하는 사람들, 좋아하는 사람들에 대한 이야기를 들려주면 그 기준이 헷갈린다는 분들이 더러 있다. 그런데 자신의 마음의 소리를 따라간다면 정확하고 분명하게 그것들을 구분할 수 있다. 즉, 사전적으로 정의된 관계가 아닌 나와의 실질적인 관계를 어떻게 가져가고 있느냐에 따라 나눌 수 있다. 우선, 가족은 가족이라는 이유만으로도 가장 사랑하는 사람들에 속한다.

개중에는 가족을 미워하고 원망하는 사람도 있겠지만 가슴속 깊은 곳에서는 사랑과 화해, 관심을 바란다는 것을 본인은 이미 알고 있을 것이다.

비즈니스 파트너, 고객, 동료 등의 경우는 상대의 태도 그리고 그에 따른 나의 마음 상태를 들여다보면 간단하게 구분할 수 있다.

나는 내게 창업이나 취업, 교육 등과 관련해서 상담하러 오시는 분들께는 온 정성을 다해 설명하고 조언해 준다. 항상 사람을 만나면 이번이 마지막 만남이라는 생각으로 살다 보니 "그건 다음에 설명해 드릴게요."라는 말을 할 수가 없다. 다음번에 그분을 또 만날 수 있으리란 보장이 없기 때문에 시간이 허락하는 범위 내에서 내가 아는 최대한의 정보를 나누어 준다. 이때 상대가 어떤 태도를 보이느냐에 따라 가장 사랑하는 사람들, 사랑하는 사람들, 좋아하는 사람들 중 어디에 속할지가 분명하게 나뉜다.

먼저, '너무 감사하다. 아주 유용한 정보이다. 꼭 원장님이 조언해 주신 대로 해보겠다.'며 나의 열정에 상대의 열정까지 보태 주는 유형의 사람이다. 이 사람들의 경우 '가장 사랑하는 사람'이 되어 나와 지속적인 관계를 유지할 가능성이 아주 높다.

두 번째 유형은 '알겠다. 좀 더 생각해 보겠다.'와 같은 소극적인 태도를 보이며 내 마음의 열정까지 줄어들게 만드는 사람이다. 이 사람들의 경우 '사랑하는 사람'이 된다.

그리고 세 번째 유형은 "어휴, 말은 그렇게 하지만 세상이 어디 그래요?"라고 부정적인 대답을 하며 그를 응대한 내 시간이 아깝게 만드는 사람은 '좋아하는 사람'이 된다.

친구의 경우는 친분으로 맺어진 관계인만큼 더욱 분명하게 마음의 소리를 따르면 된다. 함께 있으면 좋고 서로를 진심으로 위해 주고 계속 만나고 싶은 친구라면 그는 분명 '가장 사랑하는 사람들'에 속한다. 하지만 목소리만 들어도 기분이 나빠지고 별로 만나고 싶지 않은 친구라면 그는 분명 '좋아하는 사람들'에 속한다.

누군가는 '모든 인간은 평등하다. 모든 사람을 사랑해야지. 그렇게 사람을 분류해서 정성을 더 주고 덜 주는 것은 불공평한 일이다.'라고 말할 수도 있다. 맞는 말이다. 모든 사람을 사랑해야 한다. 나도 모든 사람을 사랑한다. 하지만 시간적, 물질적 한계가 있다는 것을 알기에 우선순위만 다르게 적용한다. 인간관계에서 내가 가장 사랑하는 사람들과 그렇지 않은 사람들을 똑같이 사랑하고 똑같이 베푸는 것이야말로 진짜 불공평한 일이다.

가장 사랑하는 사람에게 집중해야 하는 이유는 또 있다. 가장 사랑하는 사람은 아낌없이 자신의 것을 나누어 준다. 어려울 때 물질적인 도움을 주는 것도 마다하지 않는다. 때로는 소중한 삶의 지혜도 대가를 바라지 않고 알려 준다. 뭔가 배우려고 할 때 기꺼이 스승을 자처한다. 가장 사랑하는 사람이 가장 좋은 스승이 될 수 있는 것이다.

가재는 게 편이고, 팔은 안으로 굽는다는 말은 왠지 천박하고 옹졸해 보인다. 하지만 이런 성향은 인간의 본능이다. 너무나 자연스러운 관계성의 표출이다. 단, 원칙 없이 무조건 내 편을 챙긴다면 옹졸하고 천박한 관계에서 벗어나지 못한다. 또 혈연과 지연 등 사적인 관계를 가장 사랑하는 사람의 필수 조건이라고 착각해서도 안 된다.

가장 사랑하는 사람은 내가 꿈꾸는 것을 지지하고 가치를 이해해 주는 사람이다.

사람과 사람 사이에는 천륜으로 맺어진 혈육을 제외하곤 영원한 관계란 없다. 더군다나 우리에게 주어진 삶의 시간은 유한한데 마음이 통하지 않는 이와 쓸데없는 대화를 주고받으며 시간과 노력을 낭비하는 것이 얼마나 아까운 일인가. 내가 추구하는 가치를 이해하고 꿈을 응원해 주는 사람을 찾는 시간도 모자랄 마당에 체면과 눈치를 보느라 허튼 곳에 에너지를 허비하지 말자. 모든 사람들을 있는 그대로 받아들이고 사랑한다. 시간과 물질적 한계도 있는 그대로 받아들이며 사랑한다.

05

성공하려면 그 분야에 관한
책을 100권을 읽어야 한다

하는 일마다 흥하는 사람이 있는 반면 일을 벌이는 족족 망하는 사람이 있다. 전자의 경우 흔히들 '성공의 촉', 즉 성공하는 사업을 알아보는 직감이 발달했다고 한다.

20대 초반부터 호프집을 비롯해 이런저런 사업을 하면서 나름의 성공을 거두자 주위 사람들은 내게 될 사업을 알아보는 직감도 있고 사업을 이끌어 가는 능력도 있다며 칭찬했다. 물론 그런 달콤한 말들을 액면 그대로 믿는 것은 아니지만 그렇다고 해서 내 촉이 영 꽝이라는 생각도 하지 않는다.

나는 '성공의 촉'이란 것을 타고나는 것으로 보기보다는 후천적인 학습이나 노력에 의해 길러지는 능력이라고 믿는다. 될 사업을 알아보고 실제 성공으로 이끌기까지 남들보다 몇 배의 노력을 아끼지 않는 사람만이 성공의 촉, 사업의 촉을 키울 수 있다.

성공의 촉을 키우기 위해서는 우선 자신이 목표로 한 분야에 무한한 관심을 가지고 세심히 들여다보아야 한다. 이루고 싶은 꿈이 있다면 구체적인 목표부터 정하자. 그러다 보면 자연스레 관심이 높아지게 된다. 관심이 높아지면 당연히 그 분야에 대해 더 세밀하게 들여다볼 것이다. 이때 내가 주로 활용하는 방법은 책 읽기이다.

분명한 목표가 설정되고 관심이 생기면 나는 우선 그것과 관련된 책부터 사 본다. 예컨대 A라는 분야에 도전하고 성공하고 싶다는 목표가 생기면 그 분야에서 성공한 기업을 검색하여 뉴스나 칼럼 등을 정독하고, 그 기업과 관련된 책을 검색한다. 제3자가 쓴 객관적인 글도 좋고 경영자가 직접 쓴 성공 스토리도 좋다.

그렇게 자신의 꿈을 상상하고 책을 통해 세밀한 정보와 지혜를 얻어 경험을 쌓아 가다 보면 자기 결정력이 생긴다. 학습과 경험을 통해 직관과 확신이 생기기 때문이다. 요즘은 선택지가 풍부하고 다양해진 만큼 판단과 결정을 어려워하는 사람들이 많다.

하지만 직관과 확신으로 스스로 인생의 주체로 나서게 되면 그것은 곧 성공을 향한 기회로 연결된다.

여행이나 돈, 소규모 창업 등 내가 좋아하는 것, 하고 싶은 것이 생기면 관심을 가지고 그것과 관련된 책들을 찾아보자. 그리고 책을 사서 항상 자신의 옆에 놔둬야 한다. 일부러 시간을 내어 정독하면 더없이 좋겠지만 사정이 여의치 않다면 일단 옆에 두는 것도 좋다. 화장실에 가든 친구를 만나기 위해 외출을 하든 그 책은 꼭 가지고 다니는 것이다. 그리고 짬이 날 때마다 읽으면 된다. 그것만으로도 발전할 수 있다.

"손에서 책을 놓지 마세요."

나는 강의 때마다 사람들에게 책 읽기를 습관화하라고 강조한다.

손에서 책을 놓지 말고 그냥 들고라도 다니라고.

성공을 바란다면 성공을 위한 촉을 발달시키고 기회를 찾을 수 있는 환경을 먼저 만들어야 한다. 책은 주위에 손만 뻗으면 언제든 읽을 수 있고, 또 자투리 시간 동안만이라도 책을 읽는 습관과 환경을 만든다면 그만큼씩 성장할 수 있다. 작은 가방에 책 한 권을 넣어 다니면 지하철 안에서, 버스를 기다리며, 친구를 기다리며 커피숍에 앉아 있는 단 몇 분 동안이라도 책을 읽을 수 있다.

깨달음과 성장은 이런 작은 실천들이 생활 속에 뿌리를 내리면서 이루어지는 것이다.

경험에서 비롯된 이런 진정성 있는 조언에도 불구하고 많은 청년들이 "책 읽을 시간이 없어요.", "공부할 시간이 없어요."라고 말한다. 하지만 그들은 시간이 없는 것이 아니라 마음이 없는 것이다.

손바닥보다 작은 휴대 전화를 들여다보며 SNS 알림음에 집중할 시간은 있어도 책을 통해 내 삶에 씨앗을 뿌리고 양분을 줄 시간은 없는 것이다.

더러는 자기계발서나 경영서 몇 권을 대충 훑어보고는 '책을 읽었다'고 말하는 이들도 있다. 하지만 성공의 촉을 키우기 위해서는 해당 분야의 책을 최소 100권은 읽어야 한다. 100권의 책은 100가지의 지혜와 깨달음을 주어 직감을 뛰어넘는 예리한 직관을 갖게 해준다.

돈을 잘 벌고 사람을 잘 모으는 사람들은 이미 그 방법을 알고 있다. 그중에서도 큰 성공을 거둔 사람들은 자신만의 노하우들을 정리해 책으로 내기도 한다. 그것을 읽고 실천하는 사람이라면 성공 비법 하나는 획득한 셈이다. 그렇다면 10권의 책을 읽으면 10개의 성공 비법을, 100권의 책을 읽으면 100개의 성공 비법을 획득하게 되는 것이니 책은 세상에서 가장 정직한 씨앗이자 양분인 것이다.

06

행복한 성공을 위한
100의 실천

상상했던 꿈을 구체적으로 실행을 하는 과정에서 내가 가장 중요하게 생각하는 것은 '100, 100, 100의 실천'이다. '100, 100, 100의 실천'이란 자신의 꿈과 관련된 100권의 책을 읽고, 100명의 사람을 만나며, 100곳의 현장을 경험하는 것을 말한다.

대부분의 사람들은 해당 분야의 전문가들을 한두 명 정도 만나거나 책 몇 권 정도만 읽어도 자신이 뭔가 큰 깨달음을 얻은 것처럼 착각하곤 한다.

'조금 아는 것이 더 위험하다.'라는 말처럼 코끼리 다리만 만져 보고는 코끼리는 둥근 기둥처럼 생긴 것이라고 확신하게 된다. 그리고 그 확신에 따라 행동하다 보니 쉽게 낭패를 보기도 한다.

돈과 시간 그리고 무엇보다도 큰 열정을 가지고 시작하는 일인 만큼 시간이 더 걸리더라도 준비 단계에서 더욱 철저해야 한다. 한두 명 정도의 전문가만 만나면 그들의 틀 안에 스스로 갇힐 위험이 있지만 열 명, 스무 명을 넘어가면 해당 분야의 장단점들이 보이고, 또 50여 명의 전문가들을 만나면 그 분야에서 통용되는 하나의 원리가 자연스럽게 들어온다. 이때부터는 자신도 절반은 전문가의 길에 들어섰다고 봐도 된다.

그리고 100여 명의 전문가들을 다 만나고 나면 그 무엇에도 흔들리지 않는 자신만의 확고한 성공 철학이 생기게 된다. 예컨대 장사를 하고자 한다면 피자집이 되었든 치킨집이 되었든 그 업종에서 큰 성공을 거둔 전문가 100명 정도를 만나면 성공 공식이 보이게 되고 그것을 정리할 수 있는 힘을 갖게 되는 것이다.

나는 평생교육원의 설립을 구상할 때도 전국 곳곳을 누비며 전문가들을 찾아다녔다. 우선은 우리나라에서 가장 강의를 잘한다는 교수님들을 검색해서 그분들의 세미나나 강의를 직접 들으러 다녔다.

멀리 제주도에 계신 분이라고 해도 무조건 찾아가서 강의를 직접 듣고 이야기도 나눠 봤다. 이렇게 수십 명의 전문가들을 만나 그분들의 강의도 직접 듣고, 강좌에 관한 이야기도 나누고, 자격 과정까지 직접 수료하다 보니 어느새 나만의 프로그램을 짤 수 있는 사람이 되어 있었다.

처음 두세 개 정도의 강의를 들을 때는 '와! 대단하다. 이걸 어떻게 했지?'라며 감탄하게 된다. 그런데 대여섯 개 정도를 들으면 방식이 보인다. 그리고 10개 정도 들을 때쯤엔 '아, 이렇게 만들었구나!'

라며 그 방법들이 보이기 시작한다. 수십 개의 강의를 들으면 더 나은 강의를 하기 위해서는 무엇을 어떻게 해야 할지 나만의 아이디어들이 떠오르기 시작한다. 그리고 무엇보다도 좋은 점은 각 전문가들의 장점을 융합하는 것이 가능해진다는 것이다.

100곳의 현장을 경험하는 것도 이와 다르지 않다. 예컨대 옷 가게를 차리고 싶다면 전국의 유명 패션 거리를 돌며 그들의 디스플레이 요령이나 판매 노하우를 경험하는 것은 물론이고 의류 도매시장도 찾아가서 시장의 흐름과 습성을 파악할 필요가 있다.

성공한 사업가들은 제품의 기획을 위해 전국 방방곡곡은 물론이고 비행기를 타고 외국으로 나가는 일도 불사한다. 외식 사업을 하는 사업가들은 음식의 본고장을 찾아 고유의 맛과 비법을 살피는데, 외국음식의 경우에는 외국에 직접 나가 맛과 조리법 등을 배우고 현지인들의 의견을 수렴해 오기도 한다.

"헐! 100곳을 언제 다 돌아봐요?"

이렇게 말하는 사람들의 십중팔구는 현장 경험을 여행이나 맛집 탐방하듯이 짬이 나고 여건이 되면 하려는 사람들이다. 이는 '목표'라고 쓰고 '취미'라고 읽는 것과 다름없다.

꿈과 목표는 그것을 반드시 이루고 싶은 열망만큼이나 절박하고 간절해야 한다. 일부러 시간을 내고 없는 돈도 만들어서 여행이나 취미가 아닌 '투자'라는 개념으로 정보를 구하러 다녀야 한다. 그런 마음으로 다닌다면 넉넉잡아 일주일이면 전국의 대박 현장 100곳은 돌고도 남는다.

내가 이런 조언들을 해 주면 대부분의 청년들은 명확한 계획이 아닌, '그래, 이번 주에는 서울의 ○○에 가 봐야지. 혼자 가긴 심심하니 친구랑 시간 맞춰 봐야겠네.', '이번 주는 바쁘니 다음 주에나 대전의 대박집에 가 볼 수 있겠어.'라며 막연하게 생각한다. 그런 마음가짐으로 움직이다 보면 100곳의 현장을 도는 데 최소한 1년이 넘는 긴 시간이 소요된다. 이는 꿈과 목표를 이루기 위한 사전 탐방이 아닌 그야말로 짬이 날 때 즐긴 여행에 불과하다.

나는 현장 탐방을 떠나기로 마음을 먹으면 일단 배낭부터 꾸린다. 그러고는 서울 20곳, 대전 10곳, 대구 10곳, 부산 10곳, 그 외의 지방도 쉬지 않고 다녀 일주일 안에 100곳의 탐방을 모두 끝낸다. 내가 일부러라도 시간을 내어 한꺼번에 100곳의 현장을 도는 것은 단기간의 집중이 학습 효과가 훨씬 빠르고 크기 때문이다. 이렇게 일주일이면 충분히 할 수 있는 것을 1년에 걸쳐 하다 보면 당시의 생생한 느낌을 잊어버리기도 하고 마음이 느슨해지기도 해 꿈과 목표를 향한 초심마저 흐려지기 마련이다.

'300'이라는 숫자에 담긴 것은 어쩌면 성장을 위한 목적의식에 따른 충실한 태도라 할 수 있다. 정녕 그것이 내 인생을 걸 수 있을 만큼의 소중한 꿈이라면 오직 그것만 바라볼 줄 알아야 한다. 뭔가가 옆에서 유혹을 해 와도 허튼 데 눈을 돌릴 여유도, 마음도 없어야 한다.

내 꿈을 이루기 위해 100명의 사람과 100곳의 장소, 100권의 책을 찾는 데만도 상당한 시간과 공을 들여야 하는데 한눈팔 겨를이 어디 있겠는가!

07 —
진정한
우정의 확인

이솝 우화에 보면 진정한 친구를 구분해 주기 위해 곰이 등장한다. 두 사람은 함께 여행을 할 정도로 절친한 사이이지만 막상 곰이 나타나 생명의 위협을 느끼자 한 명은 친구고 뭐고 간에 자신부터 살겠다고 냅다 나무 위로 도망을 간다. 미처 피하지 못한 나머지 한 친구는 죽은 척하며 땅에 납작 엎드렸고, 다행히 곰은 이리저리 냄새만 맡더니 그냥 간다. 그제야 나무에서 내려온 친구는 땅에 엎드려 있던 친구의 안전을 살피며 조심스레 묻는다.

"곰이 너에게 뭐라고 말하는 것 같던데?"

"응, 위험할 때 저만 살겠다고 도망하는 친구랑은 함께 여행하지 말래."

우화에서도 잘 알 수 있듯이 친구의 진정한 우정은 위기의 순간에

확인이 가능하다. 그저 좋은 게 좋은 것이라며 친구인 듯, 친구 아
닌, 친구 같은 관계를 유지하다가 '곰'을 통해 비로소 진정한 친구를
구분하게 되는 것이다. 그런데 정말 진정한 친구를 구분하기 위해
'곰'까지 등장시켜야 할까? 내 경험에 비추어 볼 때 군이 위기의 순간
이 아니어도 1만 원짜리 한 장이면 진정한 친구와 무늬만 친구인 사
람을 구분하는 것이 가능하다.

"친구를 사귀는 데 돈이 얼마나 들까요?"

대학생들에게 강의를 할 때 종종 하는 질문이다. 남녀 간의 사랑
못지않게 소중한 가치로 여겨지는 친구 간의 우정을 돈으로 매기려
들다니! 학생들은 대답 대신 목청을 높이며 내게 반문한다.

"친구를 사귀는데 돈으로 가치를 매긴다는 게 말이 됩니까?"

우정이 얼마나 성스러운 것인데 어떻게 돈으로 가치를 매기려 드
느냐는 것이다. 나 역시 대답 대신 질문으로 응수한다.

"자, 한 친구가 있어요. 그 친구가 당신한테 와서 오늘 급한 일이
있다며 1만 원만 빌려 달라고 해요. 빌려줘요, 안 빌려줘요?"

"친구가 급한 일이 있다는데 당연히 빌려주죠."

모든 학생들이 자신 있게 대답한다.

"그렇겠죠? 1만 원쯤이야 그리 큰돈이 아니니 흔쾌히 빌려줍니다.
그런데 얼마 지나지 않아 또 와서 차비가 없다고 1만 원을 빌려 달래
요. 이전에 빌려 간 돈은 아직 갚지도 않았어요. 빌려줘요, 안 빌려
줘요?"

"음, 빌려줘야겠죠?"

고개를 갸웃거리긴 하지만 그래도 많은 학생들이 빌려준다고 대답한다.

"그렇겠죠? 친구니까. 그런데 며칠 뒤 밥을 함께 먹을 때도 마침 지갑을 안 가져왔다면서 자기 몫까지 내달라고 해요. 게다가 이전에 빌려 간 돈들은 아직도 갚지 않은 상태에요. 기분이 어떨 것 같아요?"

"짜증나죠!"

이쯤 되면 대부분의 학생들은 한껏 미간을 구기며 그들이 지금껏 '친구'라고 불렀던 이와의 관계를 의심하게 된다.

"반면에 다른 한 친구는 오늘 오는 길에 돈 1만 원을 주웠는데 행운의 돈인 것 같다면서 당신에게 가지라고 줘요. 그리고 얼마 후엔, 자기가 읽어 보니 정말 유익한 내용이 많다며 책 한 권을 당신에게 선물해 줘요. 또 어느 날은 마침 호주머니에 돈이 뚝 떨어져 무척이나 우울한데 친구가 맛있는 식당을 알게 됐다며 자신이 쏠 테니 같이 가자고 합니다. 기분이 어떨 것 같아요?"

"기분 좋죠! 왠지 흐뭇하고."

"자, 그럼 두 사람 중 누가 당신의 진짜 친구일까요?"

답은 간단하다. 허구한 날 돈을 빌려 가기만 하는 친구는 연락이 와도 피하게 된다. 무늬만 친구이지 정작 실상은 나를 이용한다는 느낌이 강하게 들기 때문이다. 반면 후자의 친구는 고맙고 좋은 친구라는 인상을 남겨 늘 만나고픈 친구로 남는다. 비록 사소한 것이지만 그 마음이 고맙고 감동스러운 것이다. 이렇듯 돈 1만 원에도 친구 관계는 명확하게 갈릴 때가 많다.

조금 전까지만 해도 학생들은 '어떻게 돈으로 우정을 매길 수 있느냐'는 반응이었다. 하지만 그들은 이내 인간관계가 단돈 1만 원으로도 명확하게 구분된다는 사실을 인정하고 말았다.

있어도 살고 없어도 산다는 1만 원짜리 한두 장으로 사람과 사람 사이에 좋고 싫고의 관계가 만들어진다. 이것이 돈 1만 원이 우리에게 전하는 인간관계의 불편한 가르침이다.

한편, 이러한 돈 1만 원의 가르침을 역으로 활용하면 진정한 친구를 얻는 것이 가능하다. 1만 원은 '돈'이기도 하지만 다른 의미론 '마음'이다. 1만 원으로 살 수 있는 것은 맛있는 식사 한 끼, 유익한 책 한 권, 커피 두 잔 정도가 고작이겠지만 그 안에 담긴 것은 수백 배의 돈으로도 살 수 없는 깊은 '마음'이다.

나는 책을 사서 선물하는 것을 즐긴다. 또 더치커피를 좋아해서 주위에도 종종 선물하곤 한다. 어느 식당에 가서 먹은 음식이 맛있으면, 내가 아끼는 사람들에게도 꼭 대접한다. 그저 내가 좋아서 하는 행동일 뿐인데, 주위에서 "원장님은 참 좋은 사람이에요."라고 반응한다. 내가 사용한 비용이 정성과 사랑이란 가치로 인식되는 것이다. 돈이 아닌 마음이 먼저 보이는 것이다.

이처럼 숭고한 사랑이나 우정이 얼마 안 되는 돈으로 무너지기도, 쌓이기도 한다. 단돈 1만 원에도 마음을 담고 진정성을 담아야 하는 이유가 여기에 있다.

08 ___
배려의 말 속에
숨은 의미를 찾아야 한다

　가슴에서 하는 이야기는 귀에 들리지 않고, 머리로 하는 이야기만 귀에 들린다면 위기가 와도 알아채지 못한다. 왜 그럴까? 위기를 머리로만 인지했을 때와 가슴이 두근거리는 것의 차이는 매우 크다. 당장 행동부터 다르다. 머리로는 '이게 정말 위기일까?'라고 몇 번이나 곱씹고 되짚어 본다. 하지만 가슴으로 느끼는 위기는 그 두근거림을 진정시키기 위해서라도 당장 발로 뛰게 만든다.

　가슴 아픈 지적도 배움의 과정이다. 알을 깨고 세상을 보려면 고통의 과정도 거쳐야 한다. 그런데 사람들은 상대방에게 위기의 징조를 곧이곧대로 이야기하지 않는다. 대체로 위기는 주변 상황 탓이 아니고 자신으로부터 비롯되는 경우가 많다. 안일했거나 터무니없는 실수를 저지르면서 위기를 초래하게 된다. 이런 위기의 당사자에게 "너의 이런 잘못이 엄청난 문제를 일으켰어!"라고 직설적으로 이야기한다는 게 쉬운 일은 아니다. 지적한 내용이 아무리 맞더라도 감정이 상하는 바람에 받아들이기는커녕 관계의 위태로움마저 초래할 수 있다.

한때 '저토록 옳은 이야기를 저토록 싸가지 없이 할 수 있느냐'라는 말이 정치권에서 회자된 적이 있다. 논리적으로 올바른 지적이나 주장을 해도 직설적으로 내지르는 것처럼 비치면 거부감을 불러일으킨다. 아무리 옳은 이야기라도 곧이곧대로 말한다는 건 이처럼 오해를 살 수 있다. 그래서 사람들은 남에게 위기 등에 관한 조언을 할 때 배려를 깃들이려고 주의하는 것이다.

배려를 깃들인 조언과 위기의 경고는 상대방의 존재감을 존중해 주는 것이다. 그런데 이런 배려도 때로는 효과가 없을 수 있다. 직설적인 화법이 귀를 닫게 한다면, 배려의 화법은 흘려듣게 만드는 맹점이 있다.

배려의 어법으로 위기를 경고할 때, "대체 뭔 소리야?"라며 흘려듣는 사람은 머리로 하는 이야기, 말 그대로의 직독직해만 할 줄 아는 수준에 불과하다.

배려의 말 속에 숨은 의미를 끄집어낼 줄 알아야 한다. 생각이 그리 깊지 않은 사람은 상대가 하는 배려의 말을 곧이곧대로 받아들인다. 예컨대, 성질이 급한 친구가 그놈의 성미 때문에 주변 사람과 불화가 심할 때, "너의 활기차고 도전적인 성격이 좋아."라고 배려를 깃들여 말한다면 단점을 장점으로 착각하게 만들 수도 있다.

배려의 말 속에 숨은 의미도 찾을 수 있어야 한다. 배려는 단지 상대방의 위기를 듣기 좋게 경고하는 것 말고도 불만을 직설적으로 말할 수 없다는 이유로 나타날 때도 있다. 자신의 불만을 있는 그대로 말을 하려니 당장 서로의 감정이 상할까 봐 배려 섞인 말로 전달하는 것이다. 그렇다면 이러한 배려의 이면에는 서운한 속마음이 담겨있는 것인데 이것을 눈치 채지 못하면 그 서운함은 더 커지게 마련이다.

배려를 하는 것도 냉정하게 생각해 볼 필요가 있다. 친한 친구나 동료, 혹은 가족과 선배가 말하고 부탁을 하면 일단 믿어야 한다는 생각으로 고개를 끄덕인다. 내가 가지고 있는 불안감이나 의심 따윈 말도 꺼내지 못한다. 무엇보다 '좋은 사람'으로 비쳐야 한다는 이유로 싫은 이야기를 하지 않는다. 의도치 않게 가면을 쓰는 셈이다.

'좋은 사람'이라는 가면은 불편할 뿐더러 오해를 낳기도 한다. 가식적이고 위선적이라는 엉뚱한 오해로 가장 사랑하는 사람들마저 내 곁을 떠나 버릴 수도 있다.

배려는 쉽지 않다. 좋은 말과 미소를 머금은 표정만이 전부가 아니다. 배려를 하는 쪽과 배려를 받는 쪽 모두가 배려에 담긴 의미를 찾아야 한다.

졸업식을 앞둔 아이가 "아빠, 바쁘면 안 와도 돼."라고 배려의 말을 건넸을 때, 생각이 깊지 않아 그 말을 고스란히 받아들이고 가지 않는다면 어떻게 될까? 냉랭해진 졸업식과 저녁 분위기에 집에서 바쁘면 오지 않아도 된다고 해 놓고 왜 삐쳐 있느냐며 화까지 낸다면 최악의 상황이다.

배려의 이면에 숨은 뜻을 알아채야 하듯이, 가슴의 소리도 들을 수 있는 귀가 필요하다.

일을 하다 보면, 상대방이 하는 이야기를 걸러서 들을 수 있어야 하는데 가끔 헷갈릴 때가 있다. 머리로 하는 이야기인지, 아니면 가슴으로 하는 이야기인지를 제대로 걸러 내고 솎아 내지 못해 낭패를 겪기도 한다. 예를 들어 누군가 머리로 생각한 이야기를 나에게 툭 내뱉은 데에 대해 과민하게 반응하거나, 마음 깊숙이 담아 둔 이야기를 어렵사리 꺼낼 때 무심코 지나쳐 버리는 것이다.

09 —
진창에 발이 빠졌을 때는
최대한 빨리 발을 빼는 것이 상책이다

30대의 나이에 동창회에서 임원이라는 감투를 쓴 적이 있다. 사람들과 어울리기 좋아하고, 한창 사업이 잘될 때라 이런저런 모임에 나가는 게 좋았다. 그런데 어느 날, 친구들과 함께 술을 마시는 자리에서 예상치 못한 이야기가 툭 튀어 나왔다.

"광선아, 그 친구가 네 돈 다 벌어 준다며? 너는 그냥 투자만 하고 돈은 그 녀석이 다 벌어 준다던데?"

당시 나는 공주에서 식당, 가구종합판매점, 종합가전 판매점, 지역 신문사 등 다양하게 사업을 하고 있었다. 몸이 열 개라도 모자랄 때라 믿고 일을 맡길 수 있는 친구나 선배들에게 도움을 요청했다. 내가 먼저 제안을 하긴 했지만 그들도 흔쾌히 내 제안을 받아들였다. 그동안 받던 월급보다 고정 급여도 더 많은 데다 성과에 따른 인센티브도 공정하게 지불되니 마다할 이유가 없었던 것이다. 게다가 사장 직함을 달고 일을 하니 주인 의식도 생겨나서 내가 별다른 간섭을 하지 않아도 스스로 신이 나서 움직였다. 그런데 술자리에서 나온 이야기의 뉘앙스는 뭔가 묘했다. 내가 지금까지 믿고 있었던 그들의 모습과는 전혀 다른, 실망을 넘어 배신감까지 느껴지는 모습이었다.

본인들에게 직접 그런 이야기를 들은 것이 아니기에 나는 그저 흘려들으리라 마음먹었다. 아무리 친한 사이라도 일을 같이 하다 보면 이런저런 불만이 생기기 마련이니 그저 그런 정도로만 여기기로 했다. 그런데 술자리에서 그 이야기가 나온 지 얼마 지나지 않아 또 다른 황당한 이야기를 들어야만 했다. 동창회를 갔을 때였는데, 기가 센 선배 몇몇이 불콰해진 얼굴로 나에게 삿대질을 하며 막말을 퍼부었다.

"야! 네가 싸가지 없게 선배를 부려 먹는다며?"

황당하고 어이가 없어 대꾸조차 할 수 없었다. 내가 부려 먹는다던 선배는 사실 인간성도 좋고 나와의 관계도 별 문제 없이 잘 지내오던 사람이었다. 사업의 규모가 커지고 일이 바빠지면서 업무가 많아진 면은 있지만 그만큼 수익도 더 챙겨 주었기에 나는 이런 이야기까지 들으리라곤 전혀 예상치 못했다. 하지만 현실에선 서로에게 도움이 된다 생각했던 우리의 관계가 나의 일방적인 노동 갈취행위로 변질되어 전해지고 있었다.

엄밀히 정리를 하자면, 해당 친구나 선배는 친분 관계를 떠나 나와 고용과 피고용의 관계였다. 만약 내가 서로 합의한 일의 대가를 지불하지 않거나 연체를 했다면 악덕 사업주라는 손가락질을 받아도 된다. 하지만 나는 그들이 다른 일을 할 때보다 더 나은 직책과 금전적인 대우를 보장해 주었다. 그럼에도 도대체 왜 이런 악소문이 난 것일까?

친구와 선배들로부터 난데없는 비난을 듣고 있자니 사람 관계가 대체 무엇인지 짙은 회의가 들었다. 게다가 일은 여기서 그치지 않았다. 엎친 데 덮친 격이라고 친인척으로부터 날아든 배신의 화살은 모든 사업을 정리해 버리고 싶은 마음이 들 정도로 내 모든 것을 무너뜨리는 아픔이었다.

"너는 돈도 잘 버는데 수익을 꼭 그렇게 나눠야 하냐?"

화장실 들어갈 때 마음과 나올 때 마음이 다르다더니 딱 그 짝이었다. 당시 생활정보신문 〈사거리〉의 매출이 좋을 때라 친척들 중에는 자신이 사는 지역에서 〈사거리〉 지사를 낼 수 있게 해 달라고 부탁하는 분들이 종종 있었다. 그중 가까운 친척분이 당신의 아들에게 〈사거리〉를 낼 수 있게 해 달라고 간곡하게 부탁을 해서 50%의 지분을 내가 갖는 조건으로 도움을 주었다.

하나를 가지면 두 개를 가지고 싶은 것이 사람 마음이라지만 5대 5의 조건에도 감사하던 그들은 사업이 성장하자 욕심이 생겼는지 '하는 것도 없는 네가 왜 수익의 절반을 가져가느냐'며 나를 나쁜 놈으로 몰아세우기 시작했다. 내 돈과 열정을 쏟아 부어 만든 사업체를 믿고 맡기며 수익과 지분까지 줬더니 그것이 원래 자기의 것인 양 나를 몰아내려 하는 것이었다.

"호의가 계속되면 권리인 줄 안다."는 영화 〈부당거래〉의 대사는 현실에서도 틀린 말이 아니었다. 고용인과 피고용인의 관계이긴 하지만 혈연과 친분으로도 얽혀 있는 관계라 나는 말이나 태도에 있어 예의를 다했다. 괜한 오해를 받는 것이 싫기도 했고, 그때만 해도 지금처럼 내 성격대로 하지 않았던 때라 사람들과 맞춰 살아가는 게 올바른 것인 줄 알았다.

호의와 배려는 권리가 되어 배신의 화살로 되돌아왔다. 아린 상처를 스스로 다독이며 나는 마침내 선택의 순간이 왔음을 느꼈다.

아무리 생각해도 더 이상 그들과 함께할 이유가 없었다. 함께할수록 서로에 대한 원망만 커질 뿐이었다. 물론 그렇다고 해서 그들을 무조건 내칠 수는 없었다. 내가 믿고 좋아했던 사람이기도 했지만 무엇보다도 그들의 노력과 열정을 인정해 주고 싶었다. 그래서 나는 그들에게 선택권을 주었다.

"내 사업체를 인수하고 싶은 사람은 말하세요. 그럼 내가 투자한 돈만 받고 넘길 테니까."

예상과는 달리 그들의 고민은 그리 길지 않았다. 늘 돈이 없다, 사업이 잘 안 된다며 징징대던 사람들이 어디서 돈이 났는지 내게 돈을 내밀며 인수 의사를 밝혔다. 헛웃음이 절로 나왔지만 나는 약속대로 종합가전 판매점, 컴퓨터 종합판매점, 〈사거리〉 지사, 세계주류백화점 등 그동안 일궜던 텃밭을 하나씩 넘겨줬다. 미련과 헛된 기대를 잘라 내는 것만이 내가 덜 상처받는 일이기에 최대한 빨리 그들과 멀어져 갔다.

친척까지 돈 앞에서 욕심을 부리는 것을 보니 사람들이 내 마음과 같지 않다는 것을 새삼 깨달았다. 내가 누군가에게 진심을 다한다고 해서 상대 역시 내게 그러리란 보장은 없다. 특히 비즈니스 관계는 이익을 좇는 것이 당연한 생리이고, 때론 더 큰 이익을 위해 상대의 진심을 무참히 짓밟기도 한다. 그럴 때는 상처받기보다는 최대한 빨리 홀홀 털며 마음의 가지를 잘라 내는 것이 좋다. 시간과 열정은 무한한 것이 아니기에 내 마음과 같지 않은 사람들의 마음까지 붙잡기 위해 애쓸 필요가 없다. 진창에 발이 빠졌을 땐 어서 빨리 발을 빼내는 것이 상책이다.

더 큰 사람을
만나야 한다

　믿었던 사람의 배신은 쓰라린 아픔을 주기도 하지만 깊은 가르침을 주기도 한다. 나 역시 여러 사업체를 운영하며 크고 작은 배신을 당했고, 이를 통해 내가 얼마나 아마추어같이 사업을 해 왔는지를 깨닫게 됐다.

　호프집을 비롯해 가구종합판매점, 종합가전 판매점, 생활정보신문, 지역 신문사 등 여러 분야의 사업을 했지만 특별한 목표가 있었던 것도 아니었고, 단지 재미있다는 이유만으로 일을 벌이고 돈을 벌었다. 어쩌면 장사꾼 마인드에 머물고 있었던 셈이다.

　대학 교육까지 받았다지만 돈 버는 재미에 빠져들고 나니 딱 그것만 보였다. 그저 하루하루 버는 돈이 얼마인지, 또 그렇게 벌어서 모은 돈으로 할 수 있는 또 다른 재미있는 일이 무엇인지 생각하는 게 고작이었다.

사업의 규모가 커지고, 지역 신문사까지 운영을 했다면 이젠 장사꾼 마인드를 버리고 비즈니스 마인드로 바뀌었어야 했다. 어린 나이였던 탓에 이런저런 계약 관계조차 그저 신뢰로 확인하는 게 전부라고 생각했으니 순탄할 리가 없었다. 여러 사업체를 운영하면서 운영권을 맡길 때도 정확한 조건과 내용을 합의한 계약서를 써본 적이 없었다. 그냥 믿고 맡긴다는 생각이 전부였다. 나에게 비즈니스 마인드를 가르쳐 줄 사람도 없었으니 좌충우돌의 연속이었다.

주위에 사업적인 조언을 해 줄 사람이 없으면 비용을 지불하고라도 전문가를 만났어야 하는데, 그땐 그런 생각조차도 하지 못했다.

공주에서 여러 일을 하던 때만 해도 내 주변의 사람들은 자신이 아는 범위 내에서는 최선을 다해 나에게 조언을 해 줬다. 하지만 그들의 조언은 안타깝게도 고3 때 내게 조언해주신 이장님의 수준에서 벗어나지 못했다.

그분들도 자신이 알고 있는 것만 내게 이야기를 해 줄 뿐이었다.

사람들은 자신이 말하는 것이 굉장히 정확하다고 강조한다. 그런데 정확하다는 판단은 그 사람의 경험과 지식의 범위 안에서만 해당되는 이야기다. 더 큰 세상으로 나가면 그들의 경험과 지식은 그야말로 우물 안 개구리 수준에 불과하다는 것을 알게 된다.

사람들과의 관계에서 뒤통수를 맞고, 또 큰 사기를 겪은 뒤에는 사람에 대한 고민을 시작할 수밖에 없었다.

그때까지 나를 둘러싼 울타리는 너무나 좁았고, 그 안에 있던 사람들도 자신만의 소박한 삶을 사는 이들이었다.

나는 더 큰 사람들, 더 넓은 세상을 알아야겠다는 생각으로 공주를 떠나 대전으로 나왔다.

어릴 적 고향의 인맥으로만 세상살이를 하던 내가 그 즈음에 이런저런 사회적 인맥을 맺게 된 게 도움이 됐다. 와이즈맨이라는 단체에서 활동을 했는데, 공주 지역의 회장까지 지내면서 충남과 대전 지역으로 인맥을 넓힐 수 있었다. 이때 모 대학교 총장님도 알게 됐는데, 내가 사회 공헌을 하려고 기부도 하고 사람들도 열심히 모으니 총장님이 너무나 고마워했다.

나 역시 총장님께 감사한 마음이 컸다. 시골 깡촌 출신인 데다 아직 30대 초반의 애송이 사업가인 내가 대학 총장님과 같은 높은 분을 알고 지낸다는 것만으로도 영광으로 여겨졌다. 그리고 이런 막연한 설렘은 이후 나의 성장을 통해 확신으로 이어졌다. 더 큰 사람을 만나니 내가 그만큼 함께 성장할 수 있었던 것이다.

더 큰 사람을 만난다는 것은 뭔가 간절한 목표가 생겼을 때 떠올리게 된다. 내가 만나서 이야기를 듣고 싶은 멘토를 저절로 찾게 되는 것이다. 직접 만날 수 없더라도 책이나 강연을 통해서라도 내가 가진 좁은 사고의 울타리를 깨뜨리려 한다.

지금도 간혹 모르는 사람에게서 전화가 올 때가 있다. 사람들이 그동안 내가 했던 교육이나 강연 등을 듣고 직접 나에게 조언을 구하려 전화를 한 것이다.

이런 사람들은 자신의 멘토를, 자신보다 더 큰 사람을 찾으려 온갖 애를 쓰는 사람들이다. 그리고 그런 사람들을 만나게 되면, 꿈을 현실로 바꿀 수 있는 계기를 찾은 셈이다.

자기가 하고 싶은 일이 무엇인지, 어떻게 하면 행복해질 수 있는지, 어떤 직업을 가져야 하는지 등은 대학에서도 가르쳐 주지 않는다. 혼자 알아서 깨닫길 기다릴 수밖에 없다. 그래서 외롭고, 겪지 않아도 될 아픔을 느끼게 되는 것이다. 그런데 우리처럼 무수한 일을 겪고 다양한 경험을 통해 커리어를 만들어 낸 사람들은 아무래도 자신의 길을 찾으려는 사람들에게 현실적이고 실질적인 조언을 줄 수 있지 않겠는가. 그러니 더 큰 사람을 만나고 싶다면, 주저하지 말고 발걸음을 내딛길 바란다.

— 11

깨달음은 나눔을
통해 완성된다

그동안 이래저래 벌인 사업을 통해 많은 사람들을 만나고, 또 구인구직 사업까지 했던 터라 다양한 부류의 사람들을 만날 수 있었다. 그랬더니 '사람'에 대해서 뭔가 알 듯했다. 게다가 그동안 사람을 통해 겪은 상처도 제법 도움이 됐다. 일련의 관계를 거치면서 겪은 부침으로 '사람'의 본질을 생각하게 되었다. 이때 내가 알게 된 '사람'의 본질은 필요한 것을 충족시켜 주는 관계로 만들어야 한다는 것이다.

구인구직 사업을 평생교육원 사업으로 키운 것도 이런 깨달음 덕분이었다. 2007년 8월 무렵에 '인터코리아'라는 회사를 만들었는데, 그 전까지 한 구인구직 웹사이트의 대전 지사를 운영하던 경험으로 벌인 사업이었다. 발로 뛰며 지역에서 구인구직 사업을 하던 중 나는 이 사업의 또 다른 가능성을 발견했다. 취업도 중요하지만, 정작 취업한 뒤가 문제라는 것을 알게 된 것이다. 취업 이후에 회사에서도 이렇다 할 교육이 이루어지지 않다 보니 소중한 인재들이 빛을 보기도 전에 좌절하고, 회사는 구인 효과를 제대로 누리지 못하고 있었다.

취업도 중요하지만 더 중요한 것은 자신의 역량을 마음껏 발휘하며 행복한 직장 생활을 하는 것이다. 그러기 위해서는 취업 이후에 유용하게 활용할 수 있는 역량과 마인드에 대해 미리 교육을 받아둘 필요가 있었다.

취업 이후에 필요한 역량을 갖출 수 있는 교육은 비즈니스 가능성도 엿보였다. 가능성을 확인하고 나니 또 한 번 열정이 꿈틀거렸다. 교육청에 인가를 받는 것뿐만 아니라 대학교의 평생교육원과 같은 기능과 신뢰도를 얻기 위해 이것저것 알아봤다. 그랬더니 방법이 보였다. 언론 기관 부설 평생교육원으로 설립이 가능했다.

당시 나는 언론 관련 법인으로 지역 신문과 생활정보신문을 소유하고 있었는데, 이 두 개의 언론사를 통해 평생교육원을 설립하는 것보다는 차라리 교육과 직접 관련이 있는 신문을 창간하는 것이 더욱 전문적일 것 같다는 판단을 했다. 이런 이유로 〈한국창업신문〉을 창간했고, 이 신문사의 부설 교육 기관으로 평생교육원을 만들었다.

〈한국창업신문〉은 촌지를 받을 일도 없고, 어려운 사람들이 광고를 내 달라고 하면 무료로 내 줄 수도 있다. 무엇보다 교육에서부터 취업과 창업까지 일관되게 다룰 수 있는 전문 매체이다 보니 모든 지면을 사람들이 구체적으로 필요로 하는 것들로 채워 줄 수 있었다. 이러한 콘텐츠는 매체에 싣는 것뿐만 아니라 더불어 교육용으로도 손색이 없다. 그래서 이 신문의 부설 기관으로 '한국평생교육원'을 설립하게 된 것이다.

신문을 만들고 평생교육원을 설립했던 내부적인 이유는 단지 비즈니스적 전망뿐이 아니었다. 구인구직 웹사이트의 대전 지사를 운영할 때, 본사의 사업 구조 변경과 경영권 이전 등의 외부적인 요인으로 사업을 정리해야만 하는 상황에 맞닥뜨렸다. 어떻게든 구인구직과 관련한 사업을 계속 이어 가고 싶었던 터라 혼자서 방법을 궁리해야만 했다. 목원대에 조그마한 사무실 하나를 얻어 두문불출하며 구인구직 관련 교육 사업에 대한 연구에 매달렸다.

연구 개발을 하자니 돈은 없고, 무엇 하나 사업 기반으로 활용할 만한 게 없었던 탓에 혼자서 모든 것을 만들어야만 했다. 잠시 식사를 하려고 밖으로 나올 뿐, 온종일 안에서 뭔가를 하니 주위에서도 걱정이 많았다. 당시 연구 공간을 관리하시던 분이 한겨울에 내가 얼어 죽은 것은 아닌지 걱정이 돼 아침마다 문을 열고 생사를 확인할 정도였다.

석 달 동안 혼자서 연구 개발을 하면서 나는 교육 프로그램과 비즈니스 계획뿐만 아니라 인생의 큰 결심까지 하게 됐다. 내가 원하던 공부를 하니 몸이 고생해도 마음은 너무나 평온했다. 삭풍이 몰아치는 한겨울의 추위에도 아랑곳하지 않고 연구 개발을 하면서 배움과 더불어 비즈니스의 가능성도 찾았다. 그때의 깨달음은 '나처럼 배우고 싶은데 돈이 없어서 공부를 못 하는 사람은 만들지 않겠다.'는 것이었다.

공부도 돈이 있어야 한다는 말이 있다. 개천에서 용이 난다는 말은 과거의 전설이고, 사람들은 이제 강남에만 용이 난다면서 우스우면서도 서글픈 농담에 고개를 떨어뜨린다. 그러나 나는 돈이 없어도 공부를 할 수 있는 세상을 한번 만들어 보겠다고 결심했다.

사람 관계는 서로 필요한 것을 충족시켜 줄 때에야 비로소 동등하고 상호 존중이 가능해지는 것이 본질이다. 이러한 나의 깨달음은 곧장 평생교육원 사업으로 이어졌다. 특히 심혈을 기울였던 것은, 돈이 없어서 배움을 망설이는 사람들에게 마음껏 공부를 할 수 있는 환경을 제공해 주기 위한 무료 공부 시스템이었다.

무료 공부 시스템의 바탕에는 '깨달음은 결국 나눔을 통해 완성된다.'는 믿음이 깔려 있다. 제아무리 훌륭한 지식이나 지혜도 자신 안에만 가둬 두면 장롱 안 금송아지와 다를 바 없다. 필요할 때 꺼내어 유용하게 사용하지 않으면 금송아지나 돌덩어리나 다를 게 뭐가 있겠는가.

깨달음은 나눔을 동반할 때 비로소 그 가치가 빛난다. 굳이 자신의 깨달음을 나누려 하지 않는다고 해도 나눔의 행위는 일어난다. 왜냐하면, 내가 어떤 깨달음을 얻게 됐을 때는 삶의 변화를 가져오기 때문이다. 삶의 변화는 생각의 변화와 더불어 행동의 변화까지 불러일으킨다. 그리고 이러한 변화는 직간접적으로 내 주위에 영향을 끼칠 수밖에 없다. 내 변화에 공감하는 사람들은 내가 새로이 방향을 잡은 길로 함께 발걸음을 옮긴다. 나의 의지와는 무관하게 깨달음의 나눔이 이뤄지는 것이다.

—12
나만의 커리어를
만들어야 한다

한 직장에 뼈를 묻을 확률, 즉 평생 한 직장에서만 근무하다 정년 퇴직할 확률은 얼마나 될까? 놀랍게도 1,000분의 4밖에 되지 않는다고 한다. 1,000명 중에서 단 4명만이 정년까지 한 직장에 머무를 수 있는 것이다. 물론 중간에 회사를 그만두는 이유는 제각각일 수 있다. 더 나은 직장으로 이직을 할 수도 있고, 내 의사와는 상관없이 회사를 떠나야 하는 경우도 있을 테다. 이유야 어쨌든 간에 회사와 나는 떼려야 뗄 수 없는 운명적인 관계가 결코 아니다. 어느 한쪽에서 더 이상 함께할 이유가 없을 땐 언제든 그 손을 놓을 수 있다.

구인구직을 전문으로 하는 웹사이트의 지사를 하다가 갑자기 일을 정리해야 하는 상황이 왔을 때, 나 또한 머리를 싸매야만 했다. 갑자기 코스닥 기업으로 전환한다는 이야기가 들리더니 결국 엄청난 돈을 받고 회사를 매각한다는 소식까지 들려왔다. 황당함과 허무함에 입을 다물지 못했다. 애초 이야기했던 '함께하는 장밋빛 미래'가 얼마나 허무한지를 새삼 느끼며 허탈했던 것이다.

당시 구인구직 사업을 함께 키우기 위해 각 지역의 지사에서는 열심히 애쓰며 뛰어다녔다. 그러니 새로운 인수자에게 지사의 사업과 인력을 보장해 달라고 요청하는 것은 당연한 일이었다. 그러나 인수자는 아쉬울 게 없었다. 그때 지사는 말이 지사였을 뿐, 법인의 지사로 등록되지 않고 개별적인 영업 계약으로 이루어져 있었다. 언제든지 파기 가능한 계약 관계에 불과했던 것이다.

나도 열정을 다해 대전 지역에서 일했다. 그런데 그 열정의 성과가 한순간에 날아갔다. 우리를 상대했던 본사의 본부장도 잘린 마당에 지사가 무사할 리가 없었다.

"저, 그런 사람 아니에요. 저를 도와주시는 여러분들과 계속 함께 가고 싶습니다."

처음 일을 시작할 때만 해도 본사의 사장은 우리에게 고마움을 표시하며 함께하는 것을 강조했다. 무척이나 섬세하고 겸손한 모습이었는데, 결국 막대한 이익 앞에서는 약속이나 신의도 그리 중요한 것이 아니었다.

대표 개인에 대한 실망과 분노도 컸지만, 당장 내가 앞으로 어떻게 해야 할지가 발등의 불처럼 여겨졌다. 그런데 이런 나의 걱정은 기우에 지나지 않다는 것을 얼마 지나지 않아 알게 되었다. 회사라는 외형은 사라졌지만 그간 열심히 쌓아 두었던 나의 커리어는 여전히 남아 있었던 것이다.

대전 지사를 운영할 당시 나는 현장을 파악하기 위해 대학이나 취업박람회 등을 부지런히 돌아다녔다. 그 덕분에 얼굴과 이름이 제법 알려져 지역 방송에 출연해 대전 지역의 취업률이나 전망 등을 소개하기도 했다. 그때만 해도 '야, 내가 방송에도 다 출연해 보네!'라고 들뜬 게 고작이었다. 하지만 그때의 뉴스 출연이나 강연 등으로 인해 대전 지역에서 취업 전문가로서의 이미지가 형성되어 대학이나 기업 등에서 강의를 해 달라는 요청이 많이 들어왔다. 취업 시장에선 서울 본사의 브랜드파워가 꽤나 강렬했다. 덕분에 사람들은 대전 지사를 운영하는 나를 전문가로 대우해 줬고, 나 역시 그들의 기대에 어긋나지 않도록 전문가로서의 능력을 차곡차곡 쌓아갔다.

시작은 회사의 이름 덕을 봤을는지 모르지만 나 개인에 대한 평가는 철저히 내 능력을 바탕으로 한 것이었기에 회사의 존폐와 무관하게 그것은 온전히 내 것으로 남을 수 있었다.

본사의 가치는 더 이상 나와 상관없는 것이 됐다. 그러나 취업과 관련한 전문가로서의 이미지는 내가 활용해야 할 커리어이자 가치였다. 실제로 회사와 정리를 했어도 강연 요청을 비롯한 비즈니스 문의는 끊이지 않았다. 미처 예상을 하지 못했는데, '나'의 브랜드가 만들어진 것이다. 정작 만들려고 해도 쉽지 않은 게 개인의 브랜드인데, 최선을 다하다 보니 저절로 만들어진 이 브랜드를 버릴 이유가 없었다. 게다가 그동안 대학교나 여러 기업들을 열심히 방문하면서 확보한 인적 네트워크도 여전히 유지하고 있었다.

가만 생각해 보니 본사와 지사의 관계만 정리됐을 뿐, 나와 주변의 비즈니스 관계가 정리된 것은 거의 없었다.

본사에 지나치게 의존했던 다른 지역의 지사 사람들은 한순간에 동아줄을 놓친 신세라며 상당히 힘겨워했다.

자신의 영역과 커리어를 개발하지 못한 대가는 너무나 컸다. 나만의 커리어를 만들었더라면 힘겨운 고비의 순간을 넘길 수 있었을 테다. 다행히도 커리어를 개발하고, 나만의 브랜드도 만들었던 나는 새롭게 시작할 기반을 갖출 수 있었던 것이다. 돈이 없더라도 말이다.

— 13
배움은 반성과 성찰을 거쳐
통찰력을 갖게 한다

한창 배우는 재미에 빠져 있었을 때 나는 사람에 대해 공부를 하고 싶어서 심리학에 관련된 서적을 100여 권 읽었다. 그리고 평생교육에 대한 학습도 가리지 않고 했다. 굳이 자격증을 취득하려고 한 것이 아닌데, 공부를 하다 보니 다양한 자격증도 취득하게 됐다.

자격증에 대한 욕심은 애초부터 없었기 때문에 공부의 성과를 자격증으로 가늠할 수는 없다. 배움으로 내가 얻은 것은 자격증보다 반성과 성찰의 시간이었다.

공부를 하러 다니면서 스스로 변화하는 것을 조금씩 느낄 수 있었다. 한꺼번에 100%의 변화를 이룬 게 아니라 0.01%의 미미한 변화를 통해 조금씩 발전하고 성장해 갔다.

0.01%의 변화는 너무 미미해서 주위에서도 눈치 채지 못할 수 있

다. 그러나 나는 그 변화의 폭보다 더 큰 반성을 하게 됐다. 특히 '진작 이런 공부를 했더라면 얼마나 좋았을까. 그랬더라면 지난날 내가 겪었던 실수나 실패를 줄일 수 있었을 텐데.'라는 후회가 컸다.

배움은 지식 이상의 큰 깨달음을 준다. 그리고 깨달음 이후의 삶은 이전과 비교할 때 훨씬 더 나은 모습으로 변해 간다. 나 역시 배움을 통한 깨달음을 얻고 난 뒤에는 이전보다 더욱 발전된 모습으로 변해 갔다. 특히 사람과의 관계에 대한 반성과 후회가 컸는데, 좋은 게 좋은 것이 아니겠냐는 말로 아낌없이 신뢰를 준다는 게 오히려 사람 관계를 악화시킬 수 있다는 것을 뒤늦게 깨달은 것이다.

이때 가장 사랑하는 사람이란 누구인지, 또 그들을 위해 내가 어떻게 해야 하는지를 정리할 수 있었다. 진즉에 알았더라면 예전에 함께 일하던 사람들과 좀 더 원활하게 소통하고 함께 발전하는 관계가 됐을 것이다.

그때부터 스스로에게도 냉정해졌다. 내가 사람들을 품을 수 있는 그릇인지를 냉철하게 따지기 시작했다. 예전에는 '아니, 이 사람들이 나한테 왜 이러지?'라는 물음으로 억울함을 호소하려 했다. 그러나 이제는 당시의 내가 사람들을 품을 그릇이 안 됐다는 것을 잘 알고 있다.

스스로 반성을 하도록 깨우침을 준 공부는 비단 책이나 큰 사람들과의 만남이 전부가 아니었다. 함께 어울리던 사람들의 민낯을 고스란히 본 뒤에 한동안 관계에 대한 불신감이 극도에 달한 적이 있었다. 스트레스가 엄청 커서 머리를 식힐 겸 영화나 다큐멘터리를 즐거 보았는데, 상황이 상황인지라 스토리보다는 사람들의 관계에 관해 몰입해서 살피게 됐다.

갈등과 화해의 변주곡을 연주하는 사람들의 무지갯빛 삶을 보면서 '어떻게 저 사람들은 저토록 타인과의 관계를 잘 풀어 갈까?'라는 궁금함으로 뚫어져라 화면을 봤다.

대부분의 갈등은 마치 화산이 폭발하듯 긴장을 자아내고 등장인물들은 서로의 탓을 하기 시작한다.

그러나 영화나 다큐멘터리의 주인공들은 저마다 자신에게 문제가 있다는 것을 인정했다. 그렇게 인정을 하니 관계가 술술 풀렸다. 관계에서 생기는 문제의 원인이 본질적으로 나에게 있다는 것을 깨닫자, 그동안 나의 역량이나 사람 관계에서 필요한 스킬 그리고 마인드까지 죄다 아마추어였다는 것을 인정할 수밖에 없었다.

"아니, 내가 사장인데 왜 나를 안 따르는 거야!"

내가 그릇이 되지 못한다는 것은 눈치도 채지 못하고 그저 직원들과 주위 사람들을 탓했다. 내가 사장이랍시고 오로지 내 말을 따르라며 오만하게 굴었다. 나 스스로 사람들이 나를 따르지 못하게 했던 것이다.

배움은 뭔가 새로운 것을 알게 되는 것보다 지금까지의 자신에 대한 반성과 성찰이 더 중요하다.

연암 박지원은 청나라로 떠나기 전에도 학식이 높은 사람이었다. 그가 새로운 문물과 지식을 접하게 됐을 때 어떤 기분이었을까? 당시 수많은 조선의 지식인들은 유학이라는 틀 안에 갇혀 있었다. 그리고 유학의 지식을 세상에 이롭게 하려는 것보다 자신의 영달에만 이용하는 행태가 속출했다. 18세기 때의 조선을 생각하면 급변하는 격동기의 세계와 달리 정체되고 고인 물이 썩는 듯한 사회가 떠오르지 않던가.

당시 서구 문물이 쏟아져 들어온 청나라에서 연암 박지원은 새로운 지식과 문물에 눈떴다. 그리고 조선의 상황을 반성하며 새로운 사회를 꿈꾸는 성찰에 도달했다. 《열하일기》는 새로운 배움으로 반성과 성찰을 담은 연암 박지원의 여행기이자 자기 고백인 셈이다.

제대로 배움의 길을 추구하는 사람은 남들보다 많이 아는 것을 내세우는 오만함을 경계하고, 새롭게 알게 된 것으로 그동안 알지 못했던 자신의 문제점이나 단점을 되짚어 보려 한다. 배움으로 반성과 성찰을 거치면, 그제야 통찰력을 가질 수 있게 되는 것이다. 자신의 그릇만큼 세상이 보이는 것이다.

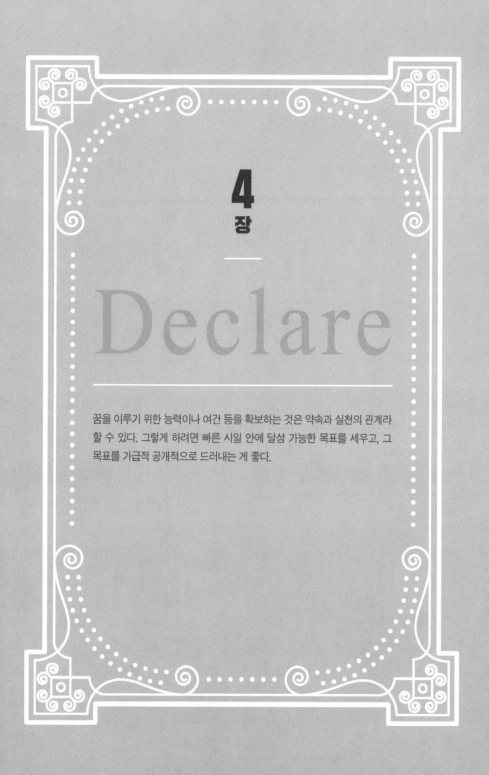

4
장

—

Declare

꿈을 이루기 위한 능력이나 여건 등을 확보하는 것은 약속과 실천의 관계라할 수 있다. 그렇게 하려면 빠른 시일 안에 달성 가능한 목표를 세우고, 그목표를 가급적 공개적으로 드러내는 게 좋다.

Want

Imagine

Learn

Declare

Share

"유 원장, 그때 8층도 쓴다고 했지? 이번에 8층에 있던 사무실이 나갔는데."

"그래요? 바로 계약하시죠."

지금은 유성구로 옮겼지만 얼마 전만 해도 대전의 한국평생교육 원은 한 건물의 5층과 6층 그리고 8층을 함께 쓰고 있었다. 8층을 얻기 1년 전에는 2개 층을 쓰고 있었다. 그때 나는 건물주에게 8층도 쓸 것이라고 이야기했다. 교육 사업의 확장과 원격 강의 시스템 구축 등 미래를 위한 사업 계획을 궁리하던 터라 호기롭게 이야기한 것이다.

당시 건물주는 그냥 하는 이야기라 생각하고 웃어넘겼을지 모르지만 나는 달랐다. 8층을 쓰겠다는 생각을 하고 건물주에게 운까지 떼어 놓은 이상 조금씩 사업을 키워 나가야 하는 현실적인 과제가 생겼다. 무작정 사업을 확대하겠다는 생각만 하지 않고 사업의 목표나 비전에 따른 단계별 목표를 세운 셈이다.

8층을 쓰겠다는 이야기를 한 지 1년이 지난 뒤에 실제로 8층을 임대했다. 그때 임대비용도 시세보다 싸게 들어갔다. 미리 이야기를 해 둔 게 기억이 나서 부동산을 거치지 않고 곧바로 나에게 임대 제의가 들어온 덕분에 비용도 아낄 수 있었던 것이다.

꿈을 상상하고 이야기를 하니 목표가 세워졌다. 그런데 그 목표가 터무니없는 게 아니지 않은가. 건물주가 보더라도 한 개 층의 추가 임대가 가능해 보일 만큼 회사가 성장 중이었다. 게다가 기존의 세입자가 별 문제도 일으키지 않았으니 관리도 편하고, 알지 못하는 사람이 들어오면 괜히 머리가 아플 수도 있었으니 나에게 선뜻 공간을 내준 것이라 했다.

1년 전부터 한 층을 더 쓰겠다고 한 게 허세가 아니라는 것을 보여 주기 위해서라도 조금씩 사업을 키웠다. 불가능한 목표를 번지르르하게 떠들고 다니지 않고 실현 가능한 목표를 세웠던 것이다.

그리고 보증금과 인테리어 비용 등을 따로 준비했다. 만약 이런 구체적이고 단계적이 목표를 세우지 않았다면 그 돈은 딴 데에 썼을 테다.

꿈을 이루기 위한 능력이나 여건 등을 확보하는 것은 약속과 실천의 관계라 할 수 있다. 그렇게 하려면 빠른 시일 안에 달성 가능한 목표를 세우고, 그 목표를 가급적 공개적으로 드러내는 게 좋다.

스스로 실천의 족쇄를 채우는 것이다. 허언증 환자나 허세를 부리는 사람으로 손가락질을 받지 않기 위해서라도 꿈을 실현하기 위해 열심히 능력을 쌓고 여건을 마련하지 않겠는가.

01 ___
꿈을 밝히고 선언하는 것은
일의 시작이다

사람은 누구나 꿈을 꾼다. 장밋빛 가득하고 원대한 포부를 가슴에 품는다. 혼자서 아직 실현되지 않은 꿈에 도취되어 미래를 노래한다. 이 꿈이 전부 이루어졌으면 얼마나 좋겠는가. 그러나 현실은 이 세상이 차디찬 얼음보다 더 서늘한 곳임을 깨닫게 해 준다. 그제야 꿈을 이루는 것이 결코 쉽지 않다는 것을 깨달았다고 하면, 비로소 세상을 알게 됐다며 어깨를 두드려 준다.

냉정한 현실을 겪으며 과학자가 되고 싶다고, CEO가 되겠다고 했던 나만의 꿈은 슬슬 봉인하여 가슴 깊이 묻어 둔다. 그렇지만 마음 한구석에 남겨 뒀던 꿈을 영원히 묻어 두기가 너무나 아깝다. 그래서 다시 꺼내 본다. 그리고 다시 마음이 울컥한다.

"그래! 다시 꿈을 찾아 떠나 보자."

어렵사리 꿈을 찾으러 떠나는 길은 여전히 녹록치 않다. 그렇지만 또다시 포기할 수는 없다. 내가 뭔가 하고 싶다는 간절함까지 가졌으니 두 번 다시 포기할 수 없다. 자, 그럼 어떻게 해야 할까?

앞서 꿈을 이루려면 관련된 100명의 사람과 100권의 책 그리고 100곳의 장소를 찾아가라고 했다. 이 말은 꿈을 실현하기 위해 구체적인 행동을 취하라는 의미이다. 그리고 꿈을 공공연하게 밝히라는 의미이기도 하다.

어떤 꿈을 가지고 있는지 밝히는 것은 약속만큼이나 강제력이 있다. 약속은 아직 갚지 않은 부채와 같다는 말이 있다. 꿈을 밝히는 것도 마찬가지다. 가족이나 친구 앞에서 자신의 꿈을 말했는데, 그 말이 허세나 뜬금없는 잡담으로 그치면 우스운 사람이 되고 만다.

꿈을 밝히고 나면 주변의 시선을 의식해서라도 좀 더 노력을 기울이기 마련이다.

평생교육원을 할 때도 내 꿈을 밝히는 것에 주저하지 않았다. 나는 강사로만 머물지 않고 교육을 하는 회사를 차릴 것이라고 밝혔다. 말은 꺼내 놨으니 이제 행동으로 보여 줄 일만 남았다. 허세 부린다는 말을 듣기도 싫은데다가 내 꿈을 밝히는 것, 즉 사람들 앞에서 선언한다는 것은 일의 시작을 알리는 채찍질이기도 했다.

꿈을 밝히고 사람들에게 선언하는 것은 일의 시작이자 전문가로 발돋움하는 시작점이다. 말을 꺼낸 뒤에는 어떻게든 실현시켜야 하므로 내가 하려는 일의 전문가가 되어야 한다.

평생교육원뿐만 아니라 커피숍을 시작하려는 꿈도 꾸고 있는데,

이 또한 말부터 꺼내놓고 실행에 옮겼다.

더치커피를 너무 좋아하는 나는 커피숍을 즐겨 찾았다. 하루는 커피숍에 앉아 커피를 마시는데, 햇빛이 잘 드는 창으로 먼지가 보였다. 순간 지금 마시고 있는 더치커피 잔을 내려놓을 수밖에 없었다. 더치커피는 오랜 시간 동안 우려내야 하므로 추출 기구의 뚜껑이 대부분 열려 있었다. 뚜껑을 열어 둔 채 보통 여덟 시간 이상을 우려낸다. 그런데 이렇게 먼지가 풀풀 날아다니니 원액에 먼지가 상당 부분 들어갈 수밖에 없다.

못 볼 것을 본 것인 양 잔뜩 이맛살을 구기던 나는 아예 내가 직접 커피숍을 차려 보자는 생각을 했다. 그리고 주위 사람들에게 말을 꺼냈다.

"커피숍을 차릴 거야. 내가 좋아하는 커피를 직접 만들어서 마음대로 먹을 수 있으니 얼마나 좋겠어?"

커피숍을 차리겠다는 선언을 한 것은 내가 커피를 워낙 좋아하기 때문이기도 하지만, 그보다 우리 교육원을 찾는 손님들에게 맛있는 커피를 무료로 제공할 수 있다면 참 좋겠다는 생각을 했기 때문이다. 뿐만 아니라 카페 창업과 관련된 교육 서비스와도 연결시킬 수도 있었다. 그러나 주위의 반응은 또 한 번 즉흥적인 아이디어가 떠올랐구나 하는 식이었다. 생각난 대로 말만 툭 던지는 꼴을 보이면 쓸데없이 떠들기 좋아하는 사람으로 보일 참이었다. 그래서 우선 커피를 만드는 법부터 차근차근 익혀 전문가가 되어야겠다는 생각으로 이것저것 알아봤다. 무턱대고 돈을 들여 가게를 내고 간판을 건다고 해서 내가 원하는 것을 이루는 것은 아니니 말이다.

추출 기구 안에 먼지가 들어가지 않도록 하는 뚜껑을 단 기구도 찾았다. 나와 같은 생각을 하는 사람들이 있었던 것이다. 원하던 것을 찾았으니 원두를 비롯한 더치커피 기구를 구입할 수 있는 경로를 찾아야 했다. 대전 시내에서 맛있다고 소문난 커피숍을 찾아가 맛을 보고 질문도 했다. 그리고 내가 원하는 더치커피 기구를 파는 곳도 수소문해서 알아냈다.

더치커피를 만들 수 있는 방법과 기구 등을 어느 정도 파악한 뒤에 기구를 들여놓았다. 그런데 직접 만들어 보니 자꾸만 호기심과 탐구욕이 생겼다. 원래 더치커피는 차게 내리는 것이 맛있다. 차갑게 해야 풍미가 살아나기 때문이다. 그렇다면 아예 추출하는 과정에서부터 차갑게 하면 더 좋겠다는 생각에 궁리를 거듭했다.

평생교육원을 비롯해 여행사와 지역 신문사까지 내가 처리해야할 일이 한두 가지가 아니었다. 그러나 어느덧 아마추어 커피 고수의 길을 걷고 있었다. 지금 하는 일을 소홀히 할 수는 없었던 터라 시간을 쪼개고 짬을 내어 커피와 관련한 숙제를 하나씩 풀었다. 커피숍을 하겠다고 선언한 것은 뚜렷한 목표를 세운 것이라서 아무리 바빠도 목표 지향적일 수밖에 없다.

목표 지향적인 의식을 갖추고 있으면 문제 해결 능력도 발달하게 된다. 커피를 차갑게 추출하는 것을 고민하던 어느 날, 식당에서 밥을 먹을 때였다. 그때 식당에서 쓰는 대형 음료 전용 냉장고가 눈에 들어왔다. 커피 추출 문제를 늘 고민했던 터라 커다란 냉장고가 문제를 해결할 수 있겠다는 생각이 바로 들었다. 냉장고 안의 선반을 꺼내면 기다란 추출 기구가 들어갈 수 있고, 냉장 문제뿐만 아니라 이중으로 먼지를 차단할 수 있으니 금상첨화였다.

이윽고 나는 공부한 대로 커피를 만들어 우리 교육원을 찾는 분들에게 무료로 제공할 수 있었다. 그리고 내가 직접 커피숍을 차린 것은 아니지만 맛있는 커피를 만드는 법에 대해 끊임없이 궁리하고 학습하며 알아본다. 아울러 카페 창업 교육과 컨설팅 비즈니스도 하게 되었다.

뭔가 하고 싶은 것 또는 꿈을 가지고 있으면 부끄러워하지 말고 선언해 보자. 그 선언이 실천으로 이끄는 채찍질이며 동기를 부여하게 될 것이다. 꿈은 밝히는 것만으로는 이뤄지지 않으니 더욱 더 행동으로 옮기게 된다.

02

치밀하고 구체적인
계획을 세워야 한다

뭔가 하고 싶은 게 생겼을 때, 지나치게 꼼꼼하게 계획을 짜는 것보다 무작정 길에 나서는 것도 좋다.

대부분의 청년들에게 꿈을 찾기 위해 많은 곳을 찾아다니라고 하면, 혼자서 돌아다니면서 둘러볼 계획을 짜는 데에 상당한 시간을 보낸다. 하지만 나는 일단 여행 가방을 메고 길을 떠난다. 이렇게 하는 이유는 여러 가지 사정으로 한 번에 둘러보지 못해 시간을 나누다가 너무 오랜 여정을 보내는 것을 경계하기 때문이다.

꿈은 어쩌면 충동적인 에너지가 큰 힘이 될 수 있다. 한번 필feel이 꽂히면 넘치는 열정과 에너지로 마구 내달려야 한다. 촘촘하게 짠 계획으로 한 달에 걸칠 일정을 며칠 동안 치러 내면서 내 안의 꿈과 에너지가 마구 섞이는 과정을 겪는 게 훨씬 낫다. 내 안에서 뿜어 나오는 추동력推動力으로 목표 지향적인 시간을 보내고 노력을 기울이라는 것이다. 그래야 현실적인 여건 때문에 꿈이 사그라지는 것을 어느 정도 막을 수 있다.

단기간에 집중하여 내가 배워야 할 것 또는 보고 들어야 할 것들을 찾아다니면 집중력이 생길 수밖에 없다. 집중력을 가지고 하면 한 달이면 끝낼 일을 1년 동안이나 질질 끌게 되면 내가 대체 무엇을 하려고 했는지 잊어버리게 된다. 게다가 초심도 잃기 쉬워서 꿈을 이루려는 동력을 상실하기도 한다.

집중력은 힘껏 달리게 하는 채찍질이자 구체적인 설계를 가능케 하는 힘이다.

어떤 직업을 가지고 싶다고 할 때, 막연하게 직업군만을 떠올려서는 안 된다. 예컨대 마케터가 되고 싶다면, 문화 관련 마케팅의 전문가라는 좀 더 구체적인 목표를 설정한다. 옷 가게를 차리고 싶다면, 빅사이즈 전문이나 빈티지 전문 등 세부적인 차별화를 시도해야 한다.

힘껏 달리는 사람은 시간도 아깝다. 무작정 42.195킬로미터를 내달리는 마라토너는 없다. 전체 구간을 잘게 쪼개어 호흡을 가다듬을 구간, 전력 질주를 할 구간 등으로 나눈다. 그리고 시간도 배분하여 기록을 경신하고 1등을 하려는 계획을 세운다. 꿈을 향해 힘껏 달리는 것도 앞만 보고 마구 달려가라는 게 아니다. 시간을 쪼개 쓰고 효율적으로 활용할 줄 알아야 한다.

1984년에 도쿄에서 열린 국제마라톤대회의 우승자는 무명의 일본인 선수였다. 이 대회가 있기 전까지는 이름이 알려지지 않은 터라 홈그라운드의 이점을 톡톡히 누린 게 아니냐는 반응이 대부분이었다. 그런데 2년 뒤에 이탈리아에서 열린 대회에서도 이 선수가 우승을 해내고 말았다.

기자들을 비롯한 무수한 사람들은 무명의 선수가 국제 대회를 2연패하자 그 비결이 너무나 궁금해졌다. 당시만 해도 왜소한 체격의 아시아권 선수가 국제 대회에서 우승을 한다는 것은 쉽게 예상할 수 없는 일이었다. 나중에 그 선수가 밝힌 우승의 비결은 힘껏 달리더라도 무식하게 내달리는 게 아니라 효율적으로 시간과 구간을 배분한 것이었다. 예전에는 무턱대고 결승점을 향해 열심히 달렸다고 한다. 그러나 10킬로미터 정도를 달리고 나면, 어느새 다리가 후들거렸다고 한다. 아직 목표 지점이 3분의 2가 넘게 남았다는 생각에 지쳐만 갈 뿐이었다. 자신이 우승을 하려면, 힘껏 달리더라도 매 코스마다 분기점으로 삼을 만한 목표를 정하고 하나씩 달성하는 과정이 필요하다고 생각했다.

그때부터 이 선수는 출발 총소리가 울리면, 목표물부터 찾았다. 첫 번째는 어떤 건물, 두 번째는 어느 구간의 나무 등으로 목표를 잘게 나눠 세우고 시간을 효율적으로 배분했다. 매번 다음 목표까지 힘껏 달리자는 생각으로 하나씩 목표 지점을 통과했고, 마침내 결승점에 가장 먼저 도착한 선수가 된 것이다.

출발점에서 총소리가 울리면 모든 관객은 트랙을 쳐다본다. 그런데 달리지 않고 가만히 서 있으면 어떻게 되겠는가. 온갖 야유를 들을 수밖에 없다. 실망과 야유의 눈빛을 받지 않기 위해서라도 힘껏 달려야 하는 것이다. 단, 달리다가 지쳐 나가떨어지지 않기 위해 치밀하고 구체적으로 계획을 세우고 시간을 배분하는 것이 필요하다.

03

함께 하라

꿈을 이야기하고 실천으로 옮기는 과정은 또 다른 모험이다. 말한 대로 이뤄질지, 어떤 여정이 기다리고 있을지가 궁금한 인생의 모험이자 여정이다.

그런데 대부분의 여정이 다 그렇듯 혼자서 떠나는 길은 외롭고 힘들다. 오래전에 사막이나 바다를 건널 때 함께 할 동료들을 구하는 것도 홀로 감내해야 할 어려움을 나누고 기쁨을 함께하기 위해서였다. 물론 혼자서는 힘들고 함께한다면 모험의 끝을 볼 수 있는 가능성도 높아져서 동료를 찾는 것이다. 또는 여정에서 저절로 생기기도 한다.

동종업계의 사람이라도 나와 비슷한 꿈을 가진 사람에게는 동료의식을 가지게 된다. 실제로 내가 어떤 업종을 하기 위해 다른 지역까지 찾아가서 이것저것 물어보면 친절하게 가르쳐 주는 사람이 많다. 나를 경쟁자라고 생각하지 않고 노하우를 알려 준다.

커피를 만들 때도 내가 있는 곳과 가까운 곳을 찾아갔을 때는 노하우를 배울 수 없었다. 하지만 내가 어떤 커피를 만들고 싶어 하는지가 조금씩 소문이 나더니, 한 커피 원두업체와 연락이 닿았다.

나는 그 업체에 창업 강좌를 하는 것은 물론 커피숍을 창업하는 수강생에게 커피를 공급해 주는 역할을 해 달라고 제안했다. 그 업체는 또 다른 거래처가 생기니 마다할 이유가 없다.

창업 강좌와 컨설팅 노하우, 원두 공급의 노하우가 결합되면 시너지가 발생될 가능성이 높았다. 그 업체도 새로운 거래처 한 곳을 뚫었다는 것보다 미래의 희망에 동의를 한 셈이다. 질 좋은 원두로 맛있는 더치커피가 제공되고 상담을 해 주는 카페 프랜차이즈도 매우 구미가 당겼을 테다.

내가 상상하는 카페는 지역 거점의 문화 공간이다. 동네마다 작은 문화 공간을 만드는 것이다. 단순한 인테리어 콘셉트로 북카페를 하는 게 아니다. 매주 신간을 비치하는 서점 공간, 작가들과의 만남을 이룰 수 있는 세미나 공간, 작은 연주회가 열리는 콘서트 공간 등 동네의 문화 공간을 만들고 싶다. 이런 희망을 공유하는 동료로 커피 원두업체를 만난 것이다.

막연하게 커피숍을 차려 근사하게 살고 싶다고 했으면 그냥 웃고 말았을 테다. 그렇지만 커피와 관련한 지식과 창업 관련 노하우를 갖추니 가벼운 입놀림으로 보지 않는다. 여행사도 마찬가지다. 여행으로 어떻게 돈을 벌 것인지에만 집중하고 떠들고 다녔더라면 수많은 여행사 중 하나에 불과했을 것이다. 고객들이 여행을 다녀오면서 얼마나 행복하고 재미를 느낄지 궁리하는 모습에 관련업계의 파트너와 고객들이 찾아왔다.

우리가 사업을 통해 세상을 긍정적으로 아름답게 변화시킨다는 평생교육원의 비전도 긍정적인 마인드를 갖춘 사람들이 찾아오는 데 상당한 역할을 한다. 그래서 회사에 합류해서 일하면서 뒷돈을 받는다거나 개인의 꿈을 깎아내리는 일 따위는 생기지 않았다.

비전 선포도 같은 생각을 하는 동료를 만나게 해준다.

04 ___
자신을 인정하며
최선을 다해야 한다

"내가 얼마나 열심히 하는데 회사는 도통 나를 인정할 줄 몰라!"

오늘도 소주잔을 기울이며 불만 가득한 얼굴로 회사를 탓하는 사람들이 있을 테다. 직장인뿐만 아니라 열심히 취업을 준비하는 사람들도 면접에 미끄러지고 나서 자신의 가치를 몰라주는 회사에 대해 푸념을 늘어놓는다.

쥐꼬리만 한 월급을 받고 일하려니 내 가치도 쥐꼬리만 하게 여겨지는 게 아닌지 불만스럽다. 그래서 다니던 회사를 관두고 이직을 생각한다. 그중에서도 제대로 자신의 가치를 보여 주기도 전에 스스로 불만을 품고 나가는 경우가 많다. 한 취업 포털 사이트가 조사해 보니, 이직률이 가장 높은 직장인 연차는 1년차로, 전체의 50%가 넘는다고 한다.

무엇이 불만이라서 1년도 채우지 못하고 회사를 떠날까? 왜 회사에서 자신을 인정해 주지 않는다는 생각을 할까? 어렵사리 취업해 놓고 다른 곳으로 옮기는 모험을 감행한다고 한들 그 회사에서는 인정받을 수 있을까?

안에서 새는 바가지는 밖에서도 새기 마련이라고, 그들 중 대부분은 아마 다른 회사에서도 인정받지 못할 가능성이 크다.

투덜대는 습관은 아무리 좋은 환경으로 옮겨 가도 바뀌지 않는다. 어쩌면 완벽해 보이는 그곳에서도 투덜거릴 만한 게 없는지 두리번거릴 것이다.

나쁜 습관은 고치기 힘들다. 어느덧 불만을 투덜대는 습관은 어딜 가도 자신을 인정하지 않고 무시한다는 생각을 불러일으킨다. 내가 열심히 하는 것과 내가 받는 대가가 항상 일치하지는 않는다는 것을 알지 못하는 것이다. 그렇다고 해서 열심히 한다고도 볼 수 없다. 늘 불평과 불만투성이인 일에 열정을 바칠 사람은 흔치 않다.

내가 받은 만큼만 해야지, 내 역량만큼만 해야지, 내가 인정받은 만큼 해야지 하는 생각에서 벗어나지 못하는 사람에게는 더 이상의 발전이 없다. 또 관리자의 입장에서 보면 받는 월급만큼, 혹은 기대되는 역량이나 인정만큼의 일을 하고 있다고 생각하지 않는 경우가 많다. 언뜻 봐도 동상이몽으로 함께 일을 하고 있다.

자신을 인정해 주는 곳을 찾겠다는 사람은 의외로 스스로에 대한 자신감이 없다. 오히려 불안감 때문에 인정을 운운하며 자신을 조금이라도 어필하려고 한다. 즉 객관적인 자신의 존재감을 보여 주려

하지 않고 말로 떠들며 "난 이런 사람이야!"라고 나대는 꼴이다.

이 얼마나 우스운 짓인가.

자기 입으로 자신이 어떤 사람이라고 떠드는 사람에게 신뢰를 보낼 수는 없다. 신뢰가 없는 사람을 인정하지 않는 것은 당연하다.

왜 고금을 떠나 늘 최선을 다하라는 말이 있겠는가. 일단 최선을 다하면, 가장 먼저 내가 만족스럽다. 스스로 최선을 다하고 그에 만족하면 주위에서 인정해 주는 것에 대해 별 관심도 없다. 인정해 주면 좋고, 아니어도 딱히 아쉽지가 않다. 그러나 최선을 다하는 모습을 주위 사람들은 인식하고 있다. 긍정의 기운을 뿜어내며 일을 하는데 의식하지 않을 수 없다.

"쟤는 뭔가 항상 재미있어. 혼자 신나서 자기 일을 열심히 하면서 만족한단 말이야."

사실 주위의 시선에 아랑곳하지 않고 최선을 다하는 사람은 대체로 인정을 받는다. 그리고 누구나 파트너로 삼고 싶어 한다. 그때 새로운 기회가 생긴다. 자신의 능력을 객관적으로 타인에게 인정받을 수 있는 기회가 생기는 것이다.

인정받으려고 아등바등할 필요가 없다. 사람들이 나를 먼저 인정해 줘야 나도 그만큼 한다는 생각은 버려야 한다. 이런 사람들은 어느 정도 실력을 가지고 있다고 해도 탁월한 것은 아니다. 그럼에도 '근거 없는 자신감'으로 자신을 톱 수준으로 생각하고 무작정 인정해 달라고 한다.

스스로 인정한다는 것은 근거 없는 자신감으로 자신을 뽐내는 '자뻑'에 빠지라는 뜻이 아니다. 내가 할 일을 묵묵히 하면서 노력을 다하는 자신을 인정하라는 것이다. 어쭙잖게 타인과 비교하거나 지나친 자기 비하의 함정에 빠지지 말고 자신의 길을 꼿꼿이 가야 한다. 굳이 타인의 시선을 의식할 필요가 없다.

르네상스 시대의 이탈리아 시인 프란체스코 페트라르카는 "온종일 달린 자가 저녁이 되어 목적지에 이르면 그것으로 충분하지 않은가."라고 했다. 하루 종일 달리고 또 달려서 저녁이 될 때까지 목적지로 가는 여정에서는 먼지를 잔뜩 뒤집어쓰고 땀에 젖는 고행을 감수해야 할지도 모른다. 그 누구도 알아주지 않지만 묵묵히 제 갈 길을 가야 목적지에 도달할 수 있다. 길가에 있던 어떤 이는 피곤하고 힘든 기색을 보고 얼굴을 찌푸릴 수도 있다. 그러나 내가 가고자 했던 목적지까지 갔으니 그것으로 족하지 않은가.

국민 MC라 불리는 유재석의 데뷔 때 모습은 지금과 사뭇 달랐다. 개그맨을 뽑기 위해 방송국에서 대학개그제를 열었는데, 당시 그는 장려상을 받았다. 장려상 수상자로 자신이 호명되자, 유재석은 아주 실망스럽다는 표정으로 한 손은 주머니에 넣고 또 다른 손으로 귀를 후비며 무대 위로 나섰다. 대상은 자신의 것이라 생각한 나머지 실망스러운 감정을 고스란히 드러내고 만 것이다. 그래서 방송국에 들어간 뒤에 선배들로부터 혼쭐이 났다고 한다.

훗날 유재석은 자신감에 차 자신에 대한 사람들의 인정보다 오만했다고 고백했다. 그는 기나긴 무명 시절을 보내야만 했고, 지금은 당장의 인기보다 늘 최선을 다하는 자신을 인정하는 모습으로 제 갈 길을 가고 있다. 그도 어쩌면 달리고 또 달리며 자신의 목적지까지 가는 것으로 충분하다고 여기는 경지에 이르렀지 않았을까?

자신을 인정해 주지 않으니 열심히 하지 않아도 된다는 생각은 상당히 위험하다. 자신을 쥐꼬리만큼 인정해 준다는 이유로 딱 그 정도의 일을 한다는 것은 되레 스스로를 쥐꼬리만큼의 존재감으로 보여 주는 꼴이 된다. 다른 사람들도 딱 그만큼만 평가하고 인정한다. 그리고 일을 제대로 하지 않으면서 투덜대기만 한다고 꼬리표를 붙인다. 이보다 자기 몸값을 스스로 떨어뜨리고 몸값을 올릴 기회를 놓치는 경우가 또 있을까.

나를 인정해 주는 곳을 찾으려 하지 말고 먼저 인정받기 위해 최선을 다하는 태도가 필요하다. 현재의 내 가치가 어떻든 간에 그 가치보다 더 높게 스스로의 가치를 매기고 더욱 높이려 노력해야 한다. 과외 아르바이트의 경우, 비록 지금은 한 달에 10만 원을 받는다고 할지라도, 스스로는 20만 원, 30만 원의 가치를 받겠다는 동기 부여를 끊임없이 해야 한다. 그래야 거기에 맞는 노력이 나온다.

무조건 최선을 다하라는 말은 설득력이 떨어진다. 소가 밭에서 게으름을 피우지 않고 밭을 맨다고 해도 그저 죽을 때까지 밭을 매는 소에 불과하다.

끊임없이 자신에게 동기를 부여하면서 목적지를 향한 발걸음을 멈추지 않는다면 누군가는 반드시 인정해 줄 것이다.

05

책임감은 복을
지켜주는 조건이다

여행업을 시작하면서 가장 먼저 짠 프로그램이 일본의 기업체 견학이었다. 일본의 MK택시와 교세라에 다녀왔는데, 사실 고객들보다 내가 더 가고 싶었던 기업들이다. 그중에서 MK택시는 성공한 기업인에 대한 로망을 충족시켜 주기보다는 묵직한 성찰의 울림을 가져다주었다.

MK택시의 유봉식 회장은 요즘 말로 금수저를 물고 태어난 인물이 아니었다. 금수저는커녕 무일푼으로 맨땅에서 기업을 일군 입지전적인 인물이다. 맨땅에서 기업을 일궜다는 말은 산전수전을 다 겪었다는 뜻이다. 그리고 산전수전의 경험에는 숱한 실패가 있다.

식당을 하다가 망하고 가까스로 부도난 주유소를 인수했다가 신용이 바닥이 났다는 이유로 기름을 공급받지 못하기도 했다.

유봉식 회장은 유조차가 올 때마다 현금 결제를 해 주는 식으로 석유를 확보했다. 그리고 서비스에 눈을 떠 친절을 모토로 삼아 주유소를 운영했다. 이때의 성공을 계기로 그는 친절한 서비스를 사업의 핵심으로 삼아 택시 사업까지 진출한 것이다. 그러나 처음부터 성공한 것은 아니었다. 당시 택시 기사들의 불친절은 악명을 떨치고 있었다.

유봉식 회장은 법인 택시의 불친절 관행을 고칠 수 있다면 성공하리라는 믿음을 가지고 개인택시 수준으로 서비스의 질을 높였다. 그런데 그의 생각과는 달리 기사들이 잘 따르지 않았다고 한다.

야심차게 기존의 택시 회사들과 차별화를 시도했던 그의 전략은 실패했다. 유봉식 회장은 도대체 이유가 뭔지 궁금했다. 그렇다고 해서 마냥 닦달할 수도 없는 노릇이라 여긴 그는 기사들의 집을 일일이 찾아갔다. 거기서 그가 목격한 것은 너무나 힘겹게 살고 있는 기사들의 처지였다. 하루 벌어 그날 다 쓰는 처지의 사람들에게 친절 서비스를 강조했으니 먹혀들 리가 없었다.

일을 마치고 편히 쉴 수 있는 집조차 없다는 사실에 충격을 받은 유봉식 회장은 자신을 되돌아봤다. 회사의 대표라고 해서 친절 서비스를 무작정 강조하기만 한 게 부끄러웠다. 자신들이 하루살이 인생에 불과하다고 여기는 택시 기사들은 승객에게 친절하게 대해야 한다는 생각을 할 여유가 없었다.

자신의 뜻대로 되지 않는다고 불같이 화를 내는 것은 실패를 인정하지 않으려는 몸짓에 지나지 않는다. 터무니없는 주장이나 일을 벌이는 게 아닌데 실패를 겪게 되는 것은 단지 운이 나빠서가 아니다. 자신이 미처 예상하지 못한 요인이나 변수 때문에도 실패할 수 있다. 아무리 잘 짜 놓은 그물이라도 갑작스럽게 물살이 빨라지거나 날카로운 이물질로 찢어질 때가 많다. 전략이나 시나리오도 늘 예상한 대로 실행되지 않는다. 순조롭게 예상대로 되는 경우가 거의 없다. 실패는 뭔가를 할 때마다 거쳐야 하는 과정인 셈이다.

친절 서비스를 도입하는 것은 누가 봐도 타당한 결정이었다. 그렇지만 현실은 타당성을 배신할 만큼 엄혹했다. 기사들의 처지를 모른 채 친절하게 서비스를 하라고 했으니 괜한 스트레스만 더 안겨 준 꼴이었다.

유 회장은 기사들의 처우를 개선하는 것이 우선이라고 판단했다. 기사들이 집 걱정을 하지 않게 하려고 사택을 짓고 처우를 개선했다. 주위에서는 과잉 복지라 하며 회사가 망할 것이라 경고했지만, 유 회장은 아랑곳하지 않고 자신의 뜻을 밀어붙였다. 그리고 1년 뒤부터 흑자를 내면서 MK택시의 신화를 쌓아 올렸다.

노벨문학상 수상자이자 《고도를 기다리며》의 저자인 사무엘 베케트가 "실패하라, 다시 실패하라, 더 나은 실패를 하라."고 말한 것처럼 실패는 성공의 자양분이다. 실패를 하면서 무엇이 문제인지를 파악하고 자신에 대해 성찰하는 것이다. 더 나은 실패를 하라는 것도 그만큼 성찰의 시간과 경험치를 쌓으라는 뜻이다. 사무엘 베케트가 "문학은 더 잘 실패하는 것"이라고 한 것도 실패를 두려워하지 말고 실패를 통해 얻을 것을 빨리 찾으라는 것이다.

예전에 사기 사건으로 돈을 잃고, 또 그 즈음에 사람들이 저마다 자기 밥그릇만 챙기려 하며 나를 모함할 때였다. 이때는 무엇을 하고 싶은 마음도 없었다. 그저 쉬고 싶다는 생각으로 여기저기 여행을 다니며 마음을 추슬렀다. 그런데 내가 운영하던 지역 신문의 대표 때문에 또 한 번 곤욕을 치러야만 했다.

당시 지역에서 이런저런 후원을 하고 있었다. 한 연극 단체의 후원도 하는 중이었는데, 그때 어느 분이 신문사를 한번 맡아서 해 보겠다고 제안을 했다. 어찌나 말을 잘하는지 신문사 대표를 맡기게 됐다. 당시 여러 사업체를 운영하면서 일일이 돌보지 못하니 각각의 사업체에 경영자를 따로 두고 경영을 맡기고 있었던 터라 별 거부감은 없었다.

하지만 나중에 보니 경영은커녕 신문사를 말아먹고 있었다. 그때 내가 사업을 잘 몰랐는데 신문사 사장은 법적으로 나였다. 그런데 직원들 월급이 밀리고 곳곳에서 이상한 소리가 들렸다. 직원들은 나를 찾아와 밀린 월급을 지급하라고 난리였다. 월급이 상당히 밀려 있었는데, 내가 경영을 맡긴 사람은 자신이 책임지겠다고 해 놓고서는 잠적해 버렸다. 졸지에 내가 임금 체불을 하는 악덕 사장이 돼 버렸다.

근로 계약서나 근로 협약 등 사업을 하면서 기본적으로 알고 있어야 하는 사항들을 너무나 몰랐다. 게다가 사람 좋아 보인다는 이유만으로 덜컥 사업체를 맡긴 게 얼마나 순진하고 무식한 짓인지를 뒤

늦게 깨달았다. 이때의 실패는 사람들에 대한 스트레스와 불신을 크게 만드는 후유증을 낳았다. 하지만 후유증에 시달리고 있지만은 않았다.

신문사 임금 체불 사건이 터지고 난 뒤에 우연히 중세 시대를 배경으로 한 영화를 봤다. 나이가 많은 왕이 젊은 기사들을 일사분란하게 움직여서 적을 무너뜨리는 장면을 보고 '어떻게 사람들을 저렇게 잘 이끌까? 나보다 나이도 많고 사람들도 훨씬 많은데.'라는 궁금증이 생겼다. 영화에 나오는 왕보다 훨씬 적은 사람들과 일하면서도 연일 배신당하는 상황이었던 탓에 사람을 다루는 장면이 인상적이었다.

그 영화를 본 뒤에 얼마 후 텔레비전에서 우연히 본 다큐멘터리에서도 인상적인 장면을 접하게 됐다. 한 아프리카의 원주민들이 나오는 다큐멘터리였는데, 허리가 잔뜩 굽은 비쩍 마른 늙은 족장이 부족의 전사들을 통솔하는 장면이 나왔다. 그때도 비슷한 궁금증이 생겼다.

'저 족장은 대학을 나온 나보다 덜 배웠을 텐데 어쩌면 저렇게 사람들을 행복하게 만들고 일을 시킬 수 있을까?'

사업을 하면서 사람들에게 배신당하고 실망하게 될수록 사람에 대한 진지한 고민을 하게 되었다. 불신을 걷어 내고 사람들과 함께 행복하게 일할 수 있는 방법이 있을 것이라는 생각을 한 것이다. 그때부터 함께 일하더라도 사람 좋은 얼굴로 대하는 것보다 서로 책임감을 가질 수 있는 신뢰를 쌓기 위해 노력했다. 계약서가 됐든, 함께 추구하는 가치를 확인하는 것이든 위기 앞에서도 신뢰를 깨뜨리지 않는 책임감을 부여했다.

그 책임감이 행복을 지켜 주는 조건이다.

06

신뢰를 상실하지 않았다면
꿈은 언제든 이루어진다

지역 신문의 임금 체불은 빚을 내어 사비로 전부 지급하는 것으로 마무리했다. 그 즈음에 생활정보신문 〈사거리〉도 정리하고 싶었다. 당시 국장을 맡고 있던 직원에게 의향을 물었다.

"국장님은 어떻게 생각해요?"

"정리를 하고 싶다면, 제가 인수했으면 싶은데요…….'"

"그래요? 인수할 자금을 갖고 있으세요?"

"그럴 돈은 없지만 무슨 방법이 없을까요?"

그 직원은 인수 자금이 없다며 본인의 사정을 얘기했다. 그러나 어차피 정리를 해야 하는 마당에 다른 인수자를 찾는 것보다 일을 맡아서 하던 이에게 넘기는 게 낫겠다 싶어 인수 조건을 제안했다.

"내가 지금 〈사거리〉에서 가져가는 돈이 국장님도 알다시피 한 달에 500만 원 정도잖아요. 그리고 이 신문사 가치가 못해도 2억 원 정도는 되잖아요. 그러니 매달 나에게 200만 원을 주는 것으로 국장님이 운영을 해 보세요. 제가 다 넘겨줄 테니까요."

그 국장은 내 제안을 듣고 그렇게 하고 싶다면서 인수했다. 매달 200만 원씩 입금하는 것도 초기에는 잘 지켰다. 하지만 몇 달이 지나지 않아 입금이 되지 않았다. 운영이 잘 안 된다는 이유를 대며 계속 입금하지 않았던 것이다.

사업자 명의를 바꿨으니 이제는 자기 것이라는 심리였는지 나 몰라라 하는 모습은 예전에 나를 그렇게 따를 때와 달랐다. 나도 더 이상 참을 수가 없었다. 다행히도 〈사거리〉의 상표 등록은 내 이름으로 해 놓은 상태였다.

신뢰를 뒤엎은 직원의 행태를 가만둘 수 없었던 터라 내용 증명을 보냈다. 그리고 반년이 넘게 공방을 하다가 나에게 변상을 하라는 판결이 났다. 그제야 그 직원은 나눠서 돈을 갚겠다면서 앞으로는 그런 일이 없을 것이라고 하소연을 했다.

지역 신문도 임금 체불 건을 마무리한 뒤에 아예 손을 떼기로 했다. 시민 단체를 운영했던 사람이 관심을 가지는 듯해서 신문사를 넘겼다. 그런데 이 사람은 지방 선거에서 공직선거법 위반으로 구속되고 말았다. 사람들은 신문사 대표가 구속됐다는 소식을 듣고 내가 구속된 줄 알았다. 나는 한동안 칩거 생활하듯 바깥출입을 하지 않았고, 사람들은 대표가 바뀐 줄 몰랐으니 그런 오해가 생긴 것이다.

사람들과 함께 행복하게 사업을 하겠다는 내 꿈은 마치 산산조각이 난 거울처럼 산산이 부서졌다. 허울 좋은 말로만 서로를 믿고 즐겁게 일하자고 한 것이 얼마나 부질없는 것인지를 깨달았다. 그나마 내가 좌절의 늪에 빠지지 않을 수 있었던 것은 신뢰의 참된 의미를 알게 된 덕분이다.

지역 신문과 생활정보신문을 비롯한 여러 사업체에서 나와 함께 일했던 사람들은 대부분 지연과 학연으로 알고 지내던 사람들이다. 물론 친척도 있었다. 그래서 때로는 모두가 가족처럼 지내자는 분위기가 넘쳐났다. 신뢰라는 단어는 입에서 꺼낼 겨를도 없이 서로를 믿는다는 기색을 보여 줄 때도 많았다. 하지만 위기가 오고, 또 눈앞의 이익이 아른거리니 너도나도 등을 돌렸다.

사람들이 나를 배신했다는 것만을 곱씹으면 트라우마가 되어 자칫 독불장군이 될 수 있다. 그 누구도 믿지 못하고 혼자서 모든 것을 하려고 할 테다. 그렇지만 독불장군의 꿈은 공감을 얻지 못한다.

함께하는 꿈이 아닌 혼자만의 꿈이니 공명을 일으킬 수 없다. 공명이 일어나지 않으니 꿈의 실현 가능성도 낮다.

공감과 마음을 울리게 하는 공명은 신뢰가 있어야 가능하다. 아무리 좋은 말로, 혹은 근사한 비전으로 꿈을 제시해도 실패는 피할 수 없다. 자칫 신뢰마저 잃을 수 있다. 그러나 최선을 다했다면 신뢰는 잃지 않는다. 꿈은 신뢰를 통해 울림이 생긴다. 한 번 실패한 꿈이라도 신뢰의 기반을 상실하지 않았다면 다시 꿈꿀 수 있다. 그 기반이 나를 다시 한 번 일으키는 동력이 된다.

07 ___
먼저 주는 사람이
되어야 한다

어떤 일이든 억지로 하지 않아야 한다. 내가 일을 맡았다면 그 일이 뭐든지 간에 그 안에서 재미를 찾아야 한다. 아무리 힘든 일이라도 재미를 느끼면 놀이처럼 즐길 수 있다. 그렇게 하려면 함께하는 사람들에게 먼저 즐거움을 줄 수 있는 사람이 되는 게 좋다.

대학 시절 건설 현장에서 아르바이트를 잠시 한 적이 있었는데, 그때도 십장이나 주위 분들에게 자양강장제를 돌렸다. 그러니 나를 예쁘게 봐 주며 일을 돌봐줬다. 그런데 어떤 이는 십장이나 다른 인부들은 힘들게 일을 시키는 사람들인데 왜 그런 것을 사 주냐고 핀잔 아닌 핀잔을 줬다.

나는 "에이, 그냥 그거 하나에 얼마라고……. 사람끼리 정인데 어때요? '안녕하세요. 이거 하나 드세요.' 하고 인사를 나누는 건데 좋잖아요."라고 응하고는 했다.

나에게 일을 시키고 월급을 주는 사람이라고 해도 500원짜리 음료수 하나 사서 다시 돌려주는 것이 그리 이상하지 않다. 만약에 내가 5만 원을 받는데 1~2만 원어치를 사서 준다면 이상한 게 맞다.

그리고 그렇게 월급에 비해 큰돈을 지출할 생각도 하지 못한다. 하지만 500원, 1,000원 정도는 큰 부담이 없는 돈이지 않은가. 그리 많지 않은 돈으로 갑을 관계마저 잠시 바뀔 때가 생기는 것이다. 내가 뭔가 주는 사람이 됐으니까 말이다.

일방적인 갑을 관계를 벗어나려면 내가 주는 사람이 되어야 한다. 힘든 일을 하더라도 재미를 찾아 일하면 뭔가 줄 수 있는 여유가 생긴다. 그 재미를 가지고 작은 것 하나라도 줄 수 있으면 공생공존의 관계가 만들어진다. 건설 현장에서 내가 자양강장제를 돌렸다고 해서 일을 덜 하거나 뭔가 공정하지 못한 혜택을 받은 게 아니다. 서로 기분 좋게 일하니 사고가 일어날 위험도 적을 뿐더러 힘든 노동 시간도 후딱 지나가고, 서툰 일을 할 때 세세하게 가르침을 받을 수 있는 훈훈한 분위기가 만들어졌다.

사업을 할 때도 먼저 주는 사람이 됐을 때의 효과는 컸다. 호프집을 할 때, 술을 공급해 주러 오는 주류업체나 안주 일부를 납품하는 업체를 만날 때마다 계산만 주고받지 않았다.

"매일 안주를 고르라고 일일이 찾아다니는 게 얼마나 불편해요? 기름값도 만만치 않겠네요. 그러지 말고 홈페이지나 전단에다가 안주를 체크할 수 있도록 해서 한 번에 주문받으면 되잖아요? 매번

'뭐 줄까요?' 하면서 똑같은 말을 하는 게 힘들잖아요. 가게 사장이 없으면 또 다시 와야 될 테고. 그러지 말고 제가 말한 대로 해 보세요."

사진을 찍든 메뉴 리스트를 적어 두든 간에 그걸 한 번에 쭉 보여 주고 체크를 하게 하면 될 텐데, 헛걸음을 할 때가 한두 번도 아니니 내가 생각해 낸 아이디어를 알려 준 것이다. 한 번 전단을 돌리고 나면 다음부터 굳이 방문하지 않고 전화로만 확인해도 된다고 말이다. 이처럼 특출하게 기발한 것은 아니더라도, 쉽게 생각하지 못한 아이디어를 이야기해 주니 고마워하지 않을 이유가 없다.

"어, 그거 좋은 생각이네. 왜 미처 생각하지 못했지?"

안주를 공급하는 분은 그 이후부터 메뉴를 미리 체크할 수 있도록 준비해서 호프집을 찾아왔다. 단순하게 거래만 하는 관계로 생각하지 않고 그분의 유통이 더 잘될 수 있도록 고민하고 먼저 아이디어를 제시하자, 그분은 우리 호프집에 더 각별히 신경을 썼다.

사업을 하는 사람은 거래에 있어 신용과 수익성을 가장 먼저 따진다. 하지만 이것만으로는 성공할 수 없다. 신용과 수익성은 사업의 기본이다. 기본을 지키는 것은 당연하지만 더 큰 성장을 하려면 내가 먼저 상대방에게 뭔가 줄 수 있어야 한다. 내가 줄 수 있는 것은 물질적인 도움이 아니다. 아이디어의 공유야말로 가장 좋은 선물이 될 수 있다. 그래야 비즈니스, 혹은 성공의 생태계가 만들어지면서 내가 주도권을 가지게 된다.

술을 공급해 주는 사람에게도 아이디어를 줬다. 여러 가게를 돌아다니며 손님들에게 홍보하라고 했다. 15년 전만 해도 지금처럼 술을 홍보하는 직원들이 직접 손님들에게 홍보하지 않았다. 아무래도 가게 주인은 손님들이 찾는 술을 가져다 놓을 가능성이 크다. 그러니 가게 주인보다 손님들을 직접 공략해서 술을 찾도록 하라는 것이었다.

안주와 술을 공급해 주는 업체에게 아이디어를 주고 생태계를 만드니 호프집에도 상당한 도움이 됐다. 안주는 늘 최상의 것이 들어오고, 술도 손님들이 가장 많이 찾는 것을 알아서 공급해 줬다.

내가 그들에게 아이디어를 먼저 주니 그들도 이렇듯 내게 마음과 정성으로 되돌려줬다.

지금 평생교육원도 먼저 주는 관계로 수강생들과 만나고 있다. 수강료를 내면 강의를 해 주겠다는 일반적인 교육 프로그램과 다르다. 배움을 간절히 원하는 사람에게 먼저 무료 강의를 제공한다. 당장의 수강료보다 배우겠다는 의지를 높이 산 것이다. 평생교육원에서 제공하는 재능 기부 무료 강의의 취지를 이해하는 사람들은 정말 열심히 배운다. 그리고 그 배움을 통해 얻은 것을 아낌없이 나눠준다. 이분들은 감사하게도 자발적으로 평생교육원의 홍보를 알아서 해 준다.

08 ___
아무리 힘들어도
불가능한 것은 없다

뭔가 하고 싶은 게 있는 사람은 머리부터 가슴까지의 여정을 끝낸 셈이다. 꿈을 상상하고 설계하면서 예열까지 마친 상태이다. 이제 마지막 목적지까지 도달하기 위해서 남은 것은 실행력이다. 실행력을 갖추려면, 심지에 불을 붙일 수 있는 부싯돌과 같은 도움이 필요하다. 그 부싯돌의 도움은 다름 아닌 동기 부여이다.

성공한 사람들의 책과 강연은 동기 부여의 부싯돌이 된다. 그 부싯돌을 찾으려고 사람들은 책을 사 보고 강연을 찾아다닌다.

힘들다는 이야기만을 강조하면 움직일 엄두조차 내지 못한다. 그래서 최대한 정확한 정보를 찾아야 하고, 최대로 정확한 정보를 줄 수 있는 사람을 만나야 한다. 그리고 실행에 옮기는 단계를 밟으면 목적지까지 다다를 수가 있다.

머리에서 가슴까지 꿈이 이어지면 행동으로 옮기는 사람들이 있다. 그런데 행동으로까지 이어지지 않는 사람은 주위의 도움도, 부싯돌도 찾지 못해 멈추고 만다. 그래서 질문이 필요하다. 머리에서 가슴까지 이어지는 것은 확신을 가지는 것이다. 그런데 왠지 불안한 확신이다. 확신이라고 해도 확신이 아닌 것이다. 확신의 결과를 아직 확인하지 못했으니 불안감을 떨칠 수 없다. 불안감을 안은 채 확신만 하고 있으니 행동으로 옮기지 못하고 주저한다.

여행사를 차리고 평생교육원을 설립하는 게 쉽지만은 않았다. 내가 다 아는 것처럼 굴어도 처음 하는 일을 완전히 꿰뚫고 있을 수는 없다. 이 일을 처음 시작할 때만 해도 주위에서는 온갖 포장을 하며 힘들다는 것을 강조했다. 힘들다는 이야기만 강조하니 선뜻 움직일 엄두가 나지 않는 게 당연하다. 그런데 가만 생각해 보면, 그들은 어떻게 그리도 힘든 것을 해낼 수 있었을까? 어쩌면 새로운 경쟁자가 등장하는 것을 막기 위한 엄포이지 않을까?

롯데리아처럼 패스트푸드점을 하고 싶어 할 때는 아마도 그것을 차리려면 엄청 힘들다는 이야기가 더 많이 들릴 것이다. 패스트푸드점을 하고 싶으면 롯데리아나 맥도날드에 아르바이트로라도 들어가서 배우면 된다. 하지만 이런 이야기보다 힘들고 어렵다는 이야기만 강조해서 아예 움직일 생각조차 하지 못하게 만든다.

힘들다는 이야기는 불안함을 더 공고히 하는 결과를 낳는다. 정확한 정보를 주는 사람은 부정확한 정보를 주는 사람들보다 훨씬 적다. 성공한 사람들은 소수라는 것을 감안하면 정확한 정보를 가진 사람들이 적다는 것을 알 수 있다. 그래서 힘들고 어렵다는 이야기만 강조하는 부정확한 정보를 더 많이 듣게 되고, 그 말에 휩쓸릴 확률이 더 높은 것이다. 그래서 나는 정확한 정보를 찾고, 정확한 정보를 가진 사람을 만나라고 SNS에 글을 많이 남긴다.

SNS에 남긴 글을 보고 나를 찾아오는 사람들은 불안한 확신을 분명한 확신으로 바꾸기 위해 행동으로 옮기는 사람들이다. 그들은 불안함에 휘둘리기보다 불안한 이유를 찾으려 한다. 즉 확신에만 머물지 않고 질문을 통해 행동으로 옮길 방안을 찾는다.

대학생들은 더욱더 질문 능력을 갖춰야 한다. 질문하는 것에 들어가는 기회비용이 제로에 가깝지 않은가. 직장인들이나 사업하는 사람들은 새로운 길을 가기 위해 질문하는 것이 상당히 힘들 수도 있다. 현재의 것을 포기하는 기회비용을 치러야 하기 때문이다. 그러나 대학생들은 원래부터 '0'이니 잃을 것도 없다.

한 대학생이 나를 찾아와서 대학원에 진학하여 석사 학위를 취득하고 싶다고 고민을 밝힌 적이 있다. 주위에 물어보니 대부분 논문 쓰는 게 얼마나 어려운지 아느냐며 석사 과정 공부의 어려움만 강조하더라는 것이다.

"어, 그래? 나는 별로 어렵지 않던데. 그냥 공부할 때 열심히 하고, 지도교수님 말씀을 잘 따라가면 논문을 어떻게 써야 할지 보이던데?"

내가 석사 과정을 밟아 보니 누구든지 의지만 있으면 할 수 있다는 것을 알았다. 그 학생이 주변에 조언을 구한 사람들은 정작 대학원 과정을 이수해 보지 않은 사람들이었던 것이다.

질문을 하더라도 질문의 대상을 잘 가려야 한다. 쇼펜하우어는 "올바른 식견을 가진 사람도 우롱당한 사람들 틈에서는 그들의 잘못된 견해를 수용할 수밖에 없다."라고 했다. 하물며 식견조차 없는 상황에서는 어떻겠는가. 쉽게 휘둘리고 끌려 다닐 뿐이다.

평생교육원에 찾아오는 사람들도 처음에는 막연한 두려움을 가지고 있다. 수업을 끝까지 들을 수 있을지, 공부는 잘 따라갈지, 자격증은 딸 수 있을지 자신 없다는 말을 많이 한다. 이분들은 주위에서 힘들다는 이야기만 듣고 지레 주눅이 들었던 것이다. 그런데 평생교육원에서 만난 한 수강생이 예순 넘어서 자격증을 땄다면서 별거 아니라고 말을 해 주니 고개를 끄덕인다.

확신을 채울 수 있는 것은 확신을 검증할 실행력이다. 그 실행력은 불안함을 해소할 질문으로부터 갖출 수 있다. 질문을 통해 불안함을 해소할 수 있는 정확한 정보를 구하고, 그 정보대로 행동할 수 있는 큰 열정을 가지면 된다.

아무리 힘들다고 해도 불가능한 미션은 없다. 터무니없는 몽상이 아니라면, 해볼 만하다는 생각으로 꿈을 꾸고 열정을 품는다. 불가능은 넘기 힘든 장벽이 존재해서라기보다 내 안의 불씨가 사그라져 포기하기 때문에 느끼게 된다.

실제로 뭔가 시작하기도 전에 머리로만 생각하고 엄청나게 힘들 것이라는 비관에 빠지는 경우가 많다. 그러나 힘들다고 해도 정작 해 보면 딱히 불가능한 게 아니다. 나의 판단이 중요하다. 그리고 그 판단은 실행하기 위한 여러 정보를 얻을 때, 그 정보가 정확한지, 또 내가 열정을 가지고 있는지, 내가 움직이고 행동하는 게 올바른지 등을 바탕으로 이루어져야 한다. 가장 효과적인 것은 100권의 책을 읽고, 100명의 전문가를 만나며, 잘 운영되고 있는 100곳을 방문하는 것이다.

─ 09
인생은 결코
한 방이 아니다

성장은 더하기의 법칙보다 제곱의 법칙으로 가능해진다.

배우는 과정은 더딜지라도 자신이 성장하는 사이클은 한순간에 엄청난 폭으로 뛰어오른다. 더디게 배우는 것을 포기하지 않으면 탄력이 붙은 성장의 속도를 맛볼 수 있다.

'1만 시간의 법칙'도 알고 보면 제곱의 법칙을 보여 주는 것이다.

1만 시간이라는 물리적인 학습과 훈련의 시간을 거치게 되면, 어느덧 아마추어였던 자신이 프로페셔널로 바뀌는 비약적인 변화를 겪게 된다.

요즘은 '티끌 모아 태산'이라는 격언이 무색할 만큼 '한방주의'가 대세다. 그래서 꿈을 이야기하는 것도 '대박'을 꿈꾸는 게 대부분이다. "인생은 한 방이야! 언제 노력하고 모으고 그래? 한 번에 성공하는 게 장땡이야!"라는 호언장담이 꿈인 것처럼 말한다. 그게 꿈이라고 할 수 있을까? 그런 대박을 이뤘다고 해서 영원한 행복을 찾았다고 장담할 수 있을까?

한 방에 대박을 이룬 사람은 약한 뿌리로 급작스럽게 자란 꼴이다. 이런 나무는 조금만 바람이 불어도 휘청거리며 넘어지려 한다.

그렇기 때문에 더딜지라도 배움과 인내, 몇 번의 실패를 통한 호흡 다듬기 등을 두려워하지 말고 차근차근 성장하는 길을 선택하는 게 낫다.

차근차근 자신의 길을 걷다가 차츰 가속도가 붙는 것은 이른바 '제곱의 법칙'이라고도 할 수 있다. 0.01%의 변화와 속도가 어느 순간부터 1%, 2%로 커진다. 그리고 바람이 불어도 쉽게 휘청거리거나 뿌리가 뽑히지 않을 만큼 튼튼해진다.

고속 성장의 거품도 약한 뿌리로 허장성세를 한 게 아닌지 의심스럽다. 대기업이라 해서 천년제국인 양 떵떵거리는 게 아니라는 것을 외환 위기나 금융 위기 때 직접 목격하지 않았던가. 글로벌 1위라는 것을 내세웠던 기업도 한순간에 후발 주자가 따라붙어 1위는커녕 시장에서 퇴출당하지는 않을지 걱정하고 있다.

요즘 젊은 친구들에게 얼마를 벌고 싶으냐고 물으면 "10억 원이오!"라고 대부분 대답한다. 10억 원이 대박과 한 방의 기준인가 보다. 10억 원을 벌고 싶다는 것도 오랜 세월을 거쳐 땀을 흘리며 버는 게 아니라 한순간에 벌었으면 하는 것이다. 그렇게 번 10억 원으로 무엇을 하려고 하느냐고 물으면 "저금을 할 거예요!"라고 씩씩하게 대답한다. 그 이유를 묻자, "이자로 먹고살려고요!"라는 답이 돌아온다.

10억 원을 저금해서 이자로 먹고살겠다는 것은 아무런 일도 하지 않겠다는 뜻이다. 그런데 10억 원의 이자가 얼마인지 물으면 대부분 모른다고 말한다. 그저 막연하게 10억 원 정도 가지고 있으면 이자만으로도 떵떵거리며 살 수 있을 거라 여길 뿐이다.

요즘 금리가 완전히 바닥이다. 바닥인 금리는 오를 가능성보다 내려갈 가능성이 더 높다. 1.5%라고 해도 1억 원이면 세금을 제하고 나서 10만 원을 조금 웃돈다. 10억 원이면 대략 매달 100여만 원이다. 이 정도의 돈이면 최저임금도 안 되는 돈이다. 그런데 금리는 자꾸만 내려갈 테고, 세금까지 떼면 월수입은 갈수록 줄어들 테다. 게다가 10억 원이라는 거금을 한 번에 쥔 사람이 근검절약할 가능성은 낮다. 쉽게 번 돈이니 씀씀이도 커질 수밖에 없다.

한 달에 100여만 원, 그 돈은 중소기업에서 일하는 낮은 연차의 직원 임금도 안 된다. 그러니 허황되게 10억 원의 노래를 부를 것이 아니라 취직을 하고 일을 해서 최저임금만 받아도 10억 원의 자산을 가진 사람과 같은 월수입을 올릴 수 있게 된다. 게다가 경력을 쌓을수록 월급이 최저임금에 머물지 않는다. 자기 계발을 하고 성장 동력을 스스로 만들어 내서 더 많은 소득을 얻을 수 있다.

10억 원을 번 사람이 일직선을 그을 때, 스스로 길을 개척하는 사람은 상향 곡선을 그리며 발전한다.

10억 원을 가지고 아무 일을 하지 않는 사람은 스스로 재미있는 일을 하면서 120만 원, 150만 원, 200만 원으로 소득을 키우는 사람보다 가치가 낮을 수밖에 없다.

나는 매달 평생교육원 운영에 3,000만 원 이상의 경비를 지출하고 있다. 그런데 회사의 가치는 300억 원이 넘는다고 말한다. 터무니없는 뻥튀기를 하는 게 아니다. 300억 원이라고 해도 은행에 저축해서 받을 이자를 생각하면 매달 운영비나 직원 월급을 줄 수 없다. 세금을 떼지 않는다고 해도 그 이자로 어떻게 운영을 감당할 수 있겠는가.

300억 원에 평생교육원을 팔라고 해도 남는 게 없다. 그렇게 파느니 열심히 운영해서 매달 소득을 올리고 운영비를 대는 게 낫다.

사람들은 불로소득이 많으면 많을수록 현명하게 사는 줄 안다. 그런데 불로소득이 많으면 과연 좋을까? 발전이 없는 소득은 고정적이다. 그러나 세상은 급변하고 소득 방식도 달라지고 있다. 열심히 일하고 자신의 능력을 개발하면 제곱의 법칙으로 더 많은 소득을 올릴 수 있는데도 불로소득에 매달리겠는가!

___ 10
발걸음을 디뎌야
기회의 매칭이 이루어진다

현대인의 삶을 섬으로 비유하는 경우가 있다. "인간은 섬이다."라는 말은 고립된 일상의 단면을 보여 주는 듯하다.

SNS로 사방팔방 연결이 됐다고 하지만 정작 자신은 방에 혼자 틀어박혀 빛나는 스마트폰의 액정을 들여다볼 뿐이다.

단절된 관계는 섬을 연상시키기에 충분하다. '군중 속의 고독'이라는 말처럼 고립된 존재는 꿈을 펼치기도 어려울 뿐더러 자신의 존재감마저 드러내기가 힘들다. 그러나 인간은 애초부터 '사회적 동물'이다. 섬이라고 비유해도 널찍이 떨어진 섬이 아니라 가교로 연결된 섬이다.

17세기의 영국의 시인 존 던의 시 〈누구를 위하여 좋은 울리나〉(헤밍웨이는 이 시의 제목을 따서 자신의 소설 제목으로 삼았다.)는

"어느 사람이든지 그 자체로서 온전한 섬은 아닐지니"라는 구절로 시작된다. 그의 시처럼 '모든 사람은 대륙의 한 조각'이다. 섬이라고 해도 섬이 아닌 게 인간이다.

고립된 섬은 공감이라는 가교로 연결할 수 있다. 타인도 나와 같은 생각을 가졌다는 것을 확인하는 것은 작은 감동의 울림이 된다.

그 울림이 내가 혼자가 아니라는 사실을 깨우쳐 주고 고립감을 해소해 준다. 공감은 자신의 생각과 소망을 밝혀야 이루어질 수 있다.

구체적인 생각과 꿈을 밝히면 공감을 얻을 뿐만 아니라 관련된 정보와 사람 등에 제대로 연결될 수 있다. 여행사를 하고 싶다는 구체적인 꿈을 가진 사람이라면 그 꿈과 관련한 사업 기회와 비즈니스 네트워크를 연결해 주는 것이다.

나이가 일흔이 넘은 분이 일하고 싶다고 하면 대부분의 사람들은 "그 연세에 무슨 일을 하세요?"라는 부정적인 반응을 보인다. 일흔이 넘었다는 이유로 인생의 황혼을 조용히 혼자서 정리하라는 투이다. 섬이 되어 노을이 지는 풍경의 일부가 되라는 것이다. 하지만 그분들의 바람도 청춘의 그것 못지않게 소중하다. 반세기에 가까운 경험과 노하우는 아무리 시대의 패러다임이 바뀌었다고 해도 값진 자산이다. 사회적인 성과나 대단한 전문 지식을 갖추고 있지 않아도 그 연세에 또 한 번 도전을 하겠다는 것이 공감을 불러일으키기에 충분하다. 꾸준한 도전에 연속적 성취를 선사하는 인생의 법칙을 몸소 보여 주기 때문이다.

언젠가 택시를 탄 적이 있는데, 택시 기사님이 상당히 연로하신

분이었다. 뜬금없이 그분의 연세가 궁금해서 무료함을 달랠 겸 여쭤
봤다.

"혹시 연세가 어떻게 되세요?"

"올해 여든셋이오. 택시를 몬 지 30년이 넘었지, 아마?"

나는 깜짝 놀랐다. 연세가 있다고 해도 환갑 즈음으로 봤는데 여
든이 넘으신 분이었다. 나이에 비해 정정하신 모습인 데다가 서비스
마인드가 몸에 배어 있었다.

"기사님, 나중에 우리 교육원에서 중장년층 대상으로 교육할 때
강의를 한번 해 주시지 않겠습니까?"

"네? 아유, 손님. 제가 무슨 강의를 해?"

"아니, 여든이 넘으신 분이 이렇게 택시 운전을 거뜬히 하시면서
행복하게 일하시잖아요."

여든셋의 택시 기사님처럼 고령이라고 해서 인생을 정리하려고
들지 않는다. 도전과 성취를 중단하고 싶은 마음이 없다.

인생의 여정 중에서 가장 머나먼 여행은 머리에서 가슴까지 이어
지는 여정이라고 한다. 생각은 할 수 있어도 마음을 움직이기까지가
쉽지 않다는 뜻이다.

가까스로 가슴에 도달했다면, 마지막은 뛰어다닐 발이 남았다.

꿈의 목적지까지 다다르게 하는 힘찬 발걸음의 실행력만 갖추면
된다. 그 발걸음을 디뎌야 꿈을 이룰 수 있는 기회와의 매칭이 가능
하다.

11 —
긍정의 선순환을
만들어야 한다

나는 일을 할 때 재미있게 한다는 말을 종종 듣는다.

기왕이면 재미있게 일하는 게 당연히 좋다. 억지로 일하는 것만큼 괴로운 게 또 있을까. 그런데 우리나라 사람들은 일하는 것에 목숨을 거는 듯하다.

목표 달성을 위해 야근은 밥 먹듯이 하고, 휴가는 짧은데다가 눈치마저 보여 쉽게 쉴 수도 없다. 오죽하면 외국인이 서울 야경이 아름다운 이유가 뭔지 궁금해서 물어보니 직장인들이 야근을 한다고 불을 죄다 켜 놔서 그렇다는 우스갯소리가 있을 정도이다.

죽어라고 일을 하는 직장인들의 표정은 사뭇 비장하다. 얼굴에 웃음기 하나 없는 표정으로 열심히 일을 한다. 하지만 성과가 매번 좋은 것만은 아니다.

성공이 있으면 실패도 있는 법이라는 인생사의 법칙에서 자유로울 수 없다. 성공과 실패의 변주곡을 울리는 동안 얼굴은 점점 더 일그러지고 피곤한 일상의 반복으로 몸과 마음은 지쳐만 간다.

직장인들이 열심히 일하는 이유는 더 나은 대우와 더 큰 대가를 얻기 위해서이다. 성과를 만들어 낸 대가를 기대하며 많은 것을 포기하고 일한다. 눈에 불을 켜고 긴장을 늦추지 않고 일을 해야 성과에 대한 보상을 얻을 수 있는 마당에 재미까지 바란다는 것은 현실을 모르는 순진한 이야기에 불과하다. 설령 재미있게 일하고 싶어도 그럴 틈이 없다고 한다. 재미있게 일한다는 것은 자칫 성의 없이 일하는 것으로 비칠 수도 있다.

심리학자들이 한 유치원에서 실험을 했다. 어떤 결과물, 즉 대가를 주면서 공부하는 것과 놀면서 공부하는 것과의 상관관계를 밝힌 실험이다. 유치원의 아이들은 세 그룹으로 나뉘었는데, A그룹은 그림을 그리면 선물을 주겠다고 했다. 그리고 아이들이 그림을 다 그린 뒤에 약속대로 선물을 줬다. B그룹은 아무런 이야기를 하지 않고 그림을 다 그린 아이들에게 선물을 줬다. C그룹은 아무런 이야기도 하지 않았고 그림을 다 그려도 선물을 주지 않았다.

그림 그리기와 선물을 주는 이벤트가 끝나자, 세 그룹의 아이들은 제각각 다른 그림 놀이의 양상을 보였다고 한다. A그룹의 아이들은 그 이후에 그림을 그리는 시간이 확 줄었다. B그룹의 아이들은 이벤트를 할 때보다 더 오랫동안 그림 놀이를 즐겼다고 한다. 마지막 C그룹 아이들은 선물도 받지 않았음에도 B그룹보다 더 오랜 시간을 그림 놀이를 즐겼다.

뭔가를 바라며 일을 하면 놀이, 즉 재미를 느낄 수 없다. 성과에 대한 보상을 받을 때만 잠시 즐거울 뿐이다. 성과에 대한 보상은 재미와 열의에 잠시 영향을 주지만 영원하지는 않다. 반면에 아무런 대가도 없이 그저 재미를 느끼며 뭔가를 하는 사람은 꾸준하다.

늘 하던 대로 자신의 페이스를 지키면서 일한다. 보상이 있고 없고가 중요하지 않을 뿐더러 그에 연연하지도 않을 테니 가장 안정적이다.

재미있게 즐기면서 일하는 것은 성과 창출에도 안정적이고 창의적이다. 꽉 막힌 틀 안에서 긴장하는 사람보다 기발한 생각을 내놓을 가능성도 크다. 그런데 혼자만 재미있게 놀면서 일을 하는 것은 별 효과가 없다. 혼자만 놀듯이 일하는 사람은 되레 이상한 사람으로 취급받을 수 있다.

일을 함께하면서 자신의 노하우를 아낌없이 나눠 주면 재미를 같이 키울 수 있다. 노하우를 알려 주는 사람에게 고마움을 느끼며 나도 줘야겠다고 생각하는 순간 재미있는 일이 벌어진다. 누군가와 함께 일을 할 때 내가 가진 10개의 노하우 중 하나를 내놓으면 상대도 그의 노하우 하나를 내게 주니 내 것은 11개가 된다. 10명의 사람과 함께 일한다면 똑같은 노하우 하나를 그들 모두에게 주고 각자에게 하나씩을 받으니 어느새 내 노하우는 20개가 된다.

사실 내가 가진 노하우 10개를 상대에게 다 줘도 손해 볼 게 없다. 설령 그가 나에게서 10개를 받고 내게 1개밖에 자신의 노하우를 주지 않는다고 해도 나는 11개를 가지게 되는 것이니 이익인 셈이다. 나의 노하우 10개는 어디로 사라지는 것이 아니지 않은가. 그런데 그런 상대가 10명, 100명이라면 어떨까? 그들이 각각 내게 1개씩의 노하우를 알려 주어도 나는 내 것과 합쳐 20개, 200개의 노하우를 가지게 된다. 게다가 개개인으로 본다면 나는 10개를 주고 그들은 하나씩만 나에게 준 것이니 내가 훨씬 많이 주는 사람으로 인식되어 감사하다는 이야기까지 듣게 된다.

내가 가진 것을 퍼 주는 것은 결국 너도나도 오픈하자는 것이다.

개방성이 특징인 조직은 아무래도 분위기도 좋다. 혼자서 끙끙 앓으며 일하는 것보다 함께하는 것이 더 좋다. 당연히 팀워크도 좋을 수밖에 없다. 열린 자세로 서로의 의견을 아낌없이 주고받는 프레임을 만들어야 한다.

신나게 놀고 즐길 수 있는 프레임을 만들어 놓으면, 이 프레임에 맞는 사람들이 찾아온다. 유유상종도 이런 유유상종이라면 더할 나위 없이 좋다. 함께 즐기고 놀듯이 일하는 사람들은 긍정의 선순환과 생태계도 만든다. 감사할 줄 알고, 감사한 마음을 혼자서 독점하지 않고 나누려고 자신의 것을 아낌없이 내준다. 그러니 모두 함께 윈-윈이 가능할 수밖에.

12 ──
인간관계의 본질을
꿰뚫어볼 수 있어야 한다

한 사람이 사람들을 만나고 관리할 수 있는 숫자가 얼마쯤 될까?

스마트폰에 저장된 전화번호가 수천 개가 된다는 사람도 있다. 이쯤 되면 그 많은 사람들의 이름이나 얼굴은 제대로 기억하고 있을지 궁금해진다.

요즘 사람들의 일상에서 큰 몫을 차지하는 SNS도 소통의 순기능보다 화려한 인맥의 자랑으로 바뀌는 듯하다. 1,000단위가 넘는 숫자의 인맥 중에서 진정 나와 소통하는 사람은 얼마나 될까?

나도 SNS를 즐겨 사용한다. 아날로그 시절이었다면 평생교육원과 인연을 맺은 수많은 사람들과 일일이 소통하지 못했을 텐데, SNS 덕분에 전하고자 하는 메시지의 소통이 가능해졌다. 긍정의 메시지나 중요한 일정을 알리는 훌륭한 도구인 셈이다. SNS를 한다고 해서 내가 맺은 친구의 숫자가 얼마인지, 또는 내가 올린 글에 '좋아요'가 얼마나 눌렸는지는 그다지 중요하지 않다. 거품이 끼어 있는 인맥의 허세를 부릴 마음도 없다.

한 사람이 직접 만나고 소통할 수 있는 인맥의 범위는 100명 안팎이다. 그런데 마치 자신이 1,000명, 1만 명의 인맥을 관리한다고 생각하는 것은 착각에 불과하다. 실제로 이런 착각을 하면서 인맥을 자랑하는 사람들이 한둘이 아니다.

전화번호부에 등록만 돼 있을 뿐, 인맥이라 할 수 있는 사람은 그보다 훨씬 적다. 나도 그동안 이런저런 사업을 하면서 옷깃이라도 스친 사람이 무척 많다. 그러나 내가 진정한 인맥이라고 내세울 수 있는 사람은 가족을 제외하고는 직원들과 사업 파트너 등 몇 명이 전부라 할 수 있다.

영국 옥스퍼드 대학의 로버트 던바 교수는 '던바 숫자'라는 것을 발표했다. 던바 숫자는 사람의 두뇌가 가깝다고 여기는 인맥으로 기억할 수 있는 사람의 숫자를 뜻한다. 그 숫자는 기껏해야 150명에 불과하다. 이 숫자를 넘어선 사람들을 기억하는 것은 쉽지가 않다고 한다. 그저 내 전화번호부나 SNS에 등록된 숫자에 지나지 않는다.

수백, 수천, 수만 명의 화려한 인맥을 자랑하는 것은 극소수를 제외하고는 자신의 두뇌가 기억하지 못하는 거품일 뿐이다. 언젠가는 빠질 수밖에 없는 거품을 위해 노력한다는 것은 실속 없는 짓을 하는 셈이다.

인맥을 만들고 SNS를 활용하는 것은 나처럼 사업을 하는 사람들이나 창업을 준비하는 사람들에게 굉장히 좋다. 그러나 나에게 좋은 게 있으니 오라는 식으로 활용하면 제대로 효과를 발휘하지 못하고 만다. 가끔 '어휴, 또 뭘 사라는 거야? 맨날 이런 것만 뜨네!' 하며 내용을 보지도 않고 넘어가는 글들이 얼마나 많은가. 온라인이나 SNS에서 맺은 친구들이 정말 친구라는 생각은 아무도 하지 않는다.

수천 명의 거품 낀 인맥보다 100명의 '가장 사랑하는 사람들'이 있다면 행복하다. SNS에서 인연을 맺은 수천 명의 사람들은 '좋아하는 사람들'이다. 그러나 '사랑하는 사람'만큼이나 진정성을 담은 관계는 되지 못한다.

인맥을 만들어야 한다는 목적으로 사람을 만나면 서로의 이해관계만을 내세우게 된다. 다단계 영업을 하는 사람들도 다른 사람들의 머리 위에 마치 돈을 뜻하는 숫자가 보이는 듯 인맥을 만들려고 애를 쓴다.

뭔가를 얻어 내기 위해 만드는 인맥은 오래가지 못한다. 내가 받을 것을 기대하지 말고 먼저 주려고 하면 사람들은 저절로 찾아오고, 내가 준 것을 감사하게 생각하며 관계를 꾸준히 이어 가려 노력을 기울인다.

SNS에 시간이 날 때마다 온갖 유용한 정보를 보내 주니 여러 사람들이 뭘 좀 물어보겠다고 말을 걸어온다. 알고 있는 정보를 함께 공유하자는 것일 뿐인데, 사람들은 너도나도 나에게 감사함을 표현한다.

항상 변함없이 준다면 '이 사람은 뭘 이렇게 매일 주지? 그럼 직접 만나면 더 많은 것을 받을 수 있겠네.'라며 찾아온다. 그리고 나를 찾아와서 더 많은 정보를 얻는 데에 그치지 않는다. 내가 긍정적인 선순환을 이야기하니 그들도 나에게, 또는 자신의 주변 사람들에게 그 정보를 주려고 고민한다.

　인맥의 거품을 걷어 내고 인간관계의 본질을 꿰뚫어 볼 수 있어야 한다. 그리고 늘 주려는 사람이 되어야 한다. 사람의 속성은 늘 뭔가를 주지 않고 얻으려고만 하는 면이 있다. 그래서 뭐라도 하나 주면 나를 좋은 사람이라는 생각부터 하게 된다. 처음부터 상대를 마케팅 수단으로 활용하면, 과연 사람들이 그 속내를 모를 성싶은가? 시커먼 속으로 누군가에게 접근하지 않아도 오랫동안 신뢰를 쌓으면 저절로 그들이 나의 마케터가 되어 준다. 먼저 주는 사람이 되어야 한다.

13 ──
행복한
성공의 삶

　열차를 이용하다 가끔 서울역에서 내릴 때면 여러 가지 교차된 생각을 떠올릴 때가 종종 있다. 추레한 몰골과 어지러운 눈빛의 노숙자들은 담배 한 개비와 동전 한 닢을 구하려고 사람들 사이로 오간다. 사람들은 노숙자들과 살짝이라도 스칠까 봐 이리저리 피해 다닌다.

　사람들의 외면을 받는 노숙자들도 한때는 누군가의 가장이자 동료였을 테다. 그들도 행복한 삶을 꿈꾸고 열심히 살다가 쓰라린 실패의 늪에 빠졌을지 모른다. 그러나 지금은 행복과는 거리가 먼 삶을 살며 고통스러워한다.

　그들을 보며 개인의 잘못이나 능력을 탓하는 것보다 모두가 행복해질 수 있는 삶과 공동체를 소망해 본다. 이런 삶과 사회를 만드는 것은 거창한 이념과 사상, 철학이나 커다란 부가 아니다. 그냥 내가 가진 것

을 나눠 주는 것만으로도 충분하다. 앞서 내가 가진 10개 중에 1개씩
만 나눠 주고 10명의 사람들로부터 1개씩만 받아도 내 것은 20개가 된
다고 했다. 그렇게 100명, 1,000명과 하나씩만 주고받아도 내가 가진
것이 늘어날 뿐만 아니라 그만큼 나눠 줄 것도 더 많아진다.

　나눔의 삶을 내가 먹을 것을 아끼고 쓸 것을 줄이며 퍼 주는 청빈
의 삶으로만 이해해서도 안 된다. 먹고 싶은 것을 먹고, '가장 사랑
하는 사람들'과 함께하고 싶은 것을 하는 게 맞다. 수도승처럼 살면
서 나눔을 실천하라는 것은 되레 반발을 살 수 있다. 내가 돈을 아껴
서 남은 것으로 좋은 일에 쓰는 것은 좋다. 그러나 청교도적인 삶을
강요하기보다 기왕이면 내가 좋았던 경험을 나누는 게 좋지 않을까.
예컨대, 자신이 읽은 책이 너무나 좋았다면, 그 책 한 권을 사서 선
물하는 것이다. 커피나 담뱃값, 혹은 술값 등을 아끼면 충분히 할 수
있는 일이다.

　자신이 아끼고 좋아하는 것을 나누는 것은 행복의 에너지를 공유
하는 것이다.

　내가 더치커피를 직접 만들어서 사람들에게 선물하니 돈이 많아
서 그런 줄 안다. 다른 커피 가게에서 더치커피를 샀다면 상당한 돈
이 들었을 테다. 그런데 내가 직접 만들어서 주는 것이니 그만큼 돈
이 들지 않는다. 오히려 정성스레 더치커피를 만들어 '가장 사랑하
는 사람들'에게 선물을 한다는 속사정을 아는 사람들은 더치커피 선
물을 받으면 가슴으로 행복 에너지가 전해진다고 한다.

　내가 좋아하는 것도 포기하고 못 먹고 안 쓰면서 뭔가를 나누려고

하면, 내가 '가장 사랑하는 사람들'은 부담을 느끼고 피곤해질 수 있다.

'스승의 날'은 말 그대로 스승에게 감사하고 서로의 정을 나누자는 의미의 날이다. 그런데 이 좋은 의도는 많은 부모님들에게 부담을 주는 것으로 왜곡되어 그 의미가 퇴색돼 버렸다. 오죽하면 요즘 학교에서는 스승의 날 행사를 따로 하지 않고, 특히 그날에 학부모의 학교 방문을 가급적 자제시키려고 하겠는가.

아무리 좋은 의도라 해도 그것이 사람들에게 부담을 주고 피곤을 안기는 것이면 그 의도는 이미 퇴색되고 왜곡된 것이나 마찬가지다. 내 뜻과 진정성을 제대로 알아주고 공유할 수 있는 사람들과 나눔의 삶을 함께하면 된다. 그래서 거창한 나눔의 이벤트만 궁리하지 말고 내 주변부터 챙기라는 것이다. 각자가 자신의 주변에 사랑하는 사람들만 제대로 챙겨도 나눔의 사회 공동체를 만들 수 있다.

마치 빗방울이 떨어지며 생기는 파장이 연못 전체에 동시에 일어나며 겹치게 되듯 나눔의 삶이 공동체를 따뜻하게 만들지 않겠는가.

선한 의도만을 마음에 새기고 마구 퍼 주는 것은 진정한 나눔이라 할 수 없다. 더군다나 내가 마치 모든 사람들을 위해 뭐든지 할 것처럼 굴고, 어려운 사람들을 구제하며 행복하게 해 줄 수 있다는 착각은 버려야 한다. 돈을 왕창 벌어서 다 먹여 살리겠다는 것은 나눔이 아니다. 어쩌면 오만일 수 있고, 진정한 일상의 나눔을 무기한 연기하는 핑계가 될 수도 있다. 내가 '가장 사랑하는 사람들' 100명만이라도 행복하게 해 주고 긍정의 에너지를 나눠 줄 수 있다면, 이러한 삶이 나눔의 삶이자 성공한 삶일 테다.

Share

꿈을 이루어 나가면서 감사한 마음으로
나눔을 한다면 어떤 것이 있을까요?

Want

Imagine

Learn

Declare

Share

나눔은 자신의 선택입니다

◆ 돈과 사업 그리고 사람 관계를 지속해서 유지하기 위해서는 감사한 마음으로 아무리 적더라도 일정 부분을 다른 사람들을 위해서 나누어야 합니다.

◆ 나누는 것은 시간과 재능 그리고 물질 등 자신이 가지고 있는 것을 감사한 마음으로 나누면 됩니다.

◆ 나누는 것은 농부가 밭에 씨를 뿌려 놓는 것과 같습니다. 시간이 지나면 싹이 올라옵니다. 물론 쭉정이도 있습니다. 그럼에도 불구하고 나누어야 싹이 납니다.

◆ 감사하는 마음과 태도는 인생을 더 풍요롭게 해줍니다. 행복은 우리 안에 있습니다. 발견하면 됩니다.

어떻게 살 것인가

내가 어디서 무엇을 하든 누군가는 보고 있다. 내 행동 하나하나가 고스란히 사람들에게 노출된다. 갑자기 무슨 빅 브라더 이야기를 하느냐고 물을 수도 있겠다. 내 행동거지가 모두 권력에 노출되고, 낮에는 새가 듣고 밤에는 쥐가 듣는다는 이야기를 하자는 게 아니다. 사람의 본성이나 행동은 무인도에서 혼자 살지 않는 한, 누군가에 의해 드러날 수밖에 없다는 것이다.

젊을 때 했던 과외도 처음 시작할 때나 내 입으로 과외 이야기를 꺼냈을 뿐이다. 그런데 차츰 소문이 나더니 여기저기서 소개시켜 주겠다고 나섰다. 호프집을 할 때도 마찬가지였다. 오후에 장사를 시작해도 아침 일찍부터 청소한 후 가게 문을 열어 놓고 공부하고 있는 모습을 사람들은 지켜봤다. 그리고 영업 사원들이 찾아와 새로운 사업의 기회를 찾게 됐다.

나는 열심히 살고 있는데, 사람들은 몰라준다는 말을 하는 사람들이 많다. 자신이 열심히 사는 것을 모른다고 원망을 한다. 하지만 내가 사는 모습을 몰라주는 경우는 없다. 나는 그것을 우연히 알게 되었다.

누군가는 나를 보고 있다는 것, 지금 이 순간도 내가 무엇을 하는지, 어떤 생각인지 누군가는 다 지켜보고 있다는 것은 내가 삶을 조금 더 진지하게 살도록 한다. 그래서 '현재'의 의미를 매번 곱씹어 본다.

'카르페 디엠Carpe diem'은 현재를 즐기라는 말이다. 영화 〈죽은 시인의 사회Dead Poets Society〉에서 키팅 선생이 규율에 얽매인 학생들에게 한 말로 유명하다. 이 말의 유래를 찾아보니, 로마의 시인 호라티우스의 시에 나오는 한 구절이다. 알 수 없는 미래에 휘둘리지 말고 현재를 붙잡고 살아가라는 내용이다.

키팅 선생이나 호라티우스나 먼 미래의 성공이나 보장이라는 명분으로 현재를 희생하지 말라는 뜻으로 카르페 디엠이라는 말을 사용했을 테다. 이 말의 숨은 뜻은 현재에 충실하게 지내라는 것이다.

당장의 쾌락에 취하라는 뜻은 아니다.

카르페 디엠과 함께 요즘 회자되는 말이 '미생未生'이다. 완생, 즉 완성된 인생에 도달하지 않은 상태인 미생은 과연 불안정한 삶일까? 애초부터 완생이란 없는 게 아닐까? 내 인생은 이제야 완성됐다고 말하는 순간은 아마도 무덤에 들어가는 순간일 테다.

미생이라서 완전한 삶을 살고 있다고도 볼 수 있다. 미생이기 때문에 내 안의 열정과 노력을 가지고 꿈을 마음껏 꾸고 있으니, 이만큼 완전한 삶이 어디 있겠는가. 완전하지 못하다는 것을 알고 있기 때문에 채우려고 노력하는 것이다. 인생을 그릇으로 비유하는 것도 그릇은 비어 있기 때문이다. 비어 있어서 채우려고 한다. 인생이란 무릇 그릇을 채우는 것이다.

현재를 즐기는 것과 미생이라는 존재감은 서로 대립되는 게 아니다. 미생이라서 현재를 즐기며 채워 가야 하는 게 삶이다. 그 채움은 배움과 사람으로 가능하다. 그중에서 사람을 통해 자신의 부족함을 채우는 것은 어려운 숙제와도 같다.

언제부턴가 어떤 사람이 이야기를 하면, 그 사람이 정확한 이야기를 하는지의 여부를 알 수 있게 됐다. 딱히 무슨 초능력을 가졌다기보다 말하는 사람의 행동을 보고 나름대로 가늠하는 것이다. 술을 마셨다고 해도 흐트러지지 않고 허풍을 배제하고 담백하게 이야기하는 사람의 말은 믿을 수 있다. 그러나 정반대의 행동과 모습이라면 한 귀로 듣고 흘려버린다.

허풍이나 얕은 정보에 흔들릴 만한 정도라면, 내 수준도 딱 거기까지다. 과거에 사업을 정리하고 사기를 당한 것도 알고 보면 상대방의 탓보다 얇은 귀와 삶의 깊이를 가지지 못한 내 탓이 더 크다.

그러니 허세 가득한 말과 행동에 넘어가고 만 것이다. 사람을 통해 배워야 하는데, 배움은커녕 실패를 겪게 됐다. 하기야 이런 실패를 겪은 것도 사람을 통해 배운 것이니 사람을 통해 배운다는 말이 틀리지는 않다.

모든 사람들이 자신이 알고 있는 최선의 것을 알려 준다고 한다. 하지만 어떤 사람이 말하는 것은 굳이 안 들으려고 할 때가 있다. 말하는 사람의 행동이나 말에서 느낄 수 있는 공허함 때문이다. 그럴 듯한 말이라 해도 신뢰가 가지 않는다. 만약 존경하고 신뢰를 보낼 수 있는 사람이라면 그 이야기에 쑥 빠져들 것이다. 그런데 행동은 말과 전혀 다른 사람이니 "아, 예."라며 영혼 없는 대답을 할 뿐이다. 사람을 통해 배운다는 게 이처럼 쉽지가 않다.

지금도 많은 사람들이 자신에게 조언과 충고를 하고 있을 테다. 그 조언과 충고는 말하는 사람의 행동을 통해 무게감을 가진다. 똑같은 말이라도 사람에 따라 달리 들릴 때가 있다. 그때 내가 스승으로 삼아야 할 사람이 누구인지 구분이 된다.

사람을 통해 배운다는 것, 그리고 스승으로 삼는다는 것은 배움의 의미를 강조하는 것이다. 그러나 배움을 누군가 정해 놓은 성공의 틀이나 기준에 맞춰 사는 것으로 오해하지 말기를 바란다. 타인의 잣대에 맞춰 현재의 인생을 스스로 갉아먹지 않아야 한다. 내 본성대로 살고, 꿈을 상상하고, 배우고 싶은 공부를 마음껏 하고, 내 꿈을 당당히 선언하며, 나눔과 베풂이 있는 삶, 그리하여 세상사람 모두가 행복한 삶을 살았으면 좋겠다. 지금 있는 자리에서 오늘도 내가 할 수 있는 일을 최선을 다해서 한다. 준비된 우연한 기회를 만나기 위해서……

간절히 원하고, 생생하게 상상하라
뜨겁게 공부하고, 당당하게 선언하라

100권의 책을 읽고, 100곳을 방문하여, 100명의 전문가를 찾아야 한다는 저자의 주장은 단지 100이라는 숫자만을 나열한 것이 아니다. 와일드 이펙트를 읽고 문득 '스파르타 300' 영화가 떠올랐다. 열악한 환경에서도 포기하지 않고 끝까지 최선을 다하는 실행력이야 말로 저자의 온전한 삶일 것이다. 완전체, 혹은 전체의 의미를 담은 100은 어느 곳에서 어떤 일을 하든지 혼신의 힘을 다하라는 뜻으로 저자의 와일드하고 옹골찬 삶이 고스란히 배어 있다. 열정과 희망으로 행복한 성공을 꿈꾸는 분들에게 주저 없이 권하고 싶다.

— 김앤장 법률사무소 대표변호사 **현천욱**

곁에서 지켜 본 바로, 저자는 생각과 행동이 일치하는 사람으로서 가는 곳마다 희망과 기회의 나무를 키우고 있다. 저자의 성공 비결 '300'과 'WILD'는 자신감을 잃은 사람이나 돌파구를 찾지 못하는 사람에게 용기와 통찰을 줄 것으로 확신한다.

— 국제코치연합 대표이사 **최강석**

감사일기
The Gratitude Diary

단지 100일 동안 무조건 그날 일어났던 일들에 대해
"감사 일기"를 적는 것만으로 우리의 삶은 바뀌고
새로운 제2의 화려한 인생이 펼쳐지게 됩니다!

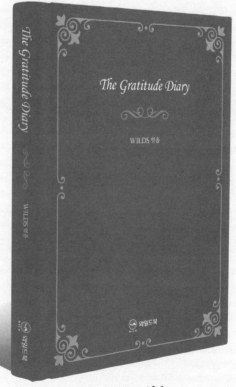

WILDS 엮음